明朝酒文化

王春瑜 著

東大圖書公司

二版說明

　　王春瑜教授是明清史、社會文化史學界享有盛名的學者,《明朝酒文化》為王教授將自身讀書之感悟、心得,揉合成一本知識性、趣味性俱佳的作品。全書以酒為出發點,全盤地探討其對明朝政治、社會、文化等各領域的影響。

　　中國的飲酒文化早在殷商時期已經開始,但是直到明朝,由於明太祖朱元璋解除「禁酒令」,帶動整個明朝社會一起將酒文化徹底地發光發熱。全書引證資料豐富,加上作者幽默詼諧的文句,或在段落之間神來一筆地加入自身的經驗與感觸,讓人閱讀時不禁莞爾一笑,實為一本能由淺入深帶領讀者進入明朝酒世界的絕佳作品。

　　此次再版,也重新調整內文版式及設計封面,並修訂資料、增補圖片,希冀能夠給予讀者更為舒適的閱讀體驗。

　　　　　　　　　　　　　　　　　　　　編輯部謹識

自　序

　　我並不善飲。回想起來，少年時隨先父恒祥公、母親曹孺人在鄉間耕讀，有時見到父親在耕作後，喝上一、兩杯土燒酒，不免眼饞，也去啜上一口，但得到的結果卻是辣得舌頭發麻，嗆出了眼淚。直到三十年前，因為一個偶然的機會，在海上呆了一段時間，身邊的幾位朋友，天天晚上都喝些酒，並不斷「培養」我，我對酒才漸漸略存好感。晚明時的名流袁中郎在《觴政》中說：「余飲不能一蕉葉，每聞鑪聲輒踴躍，遇酒客與留連，飲不竟夜不休，非久相狎者，不知余之無酒腸也。」(《袁中郎先生全集》卷19）作為平頭百姓且頗不敏者如我，雖亦「無酒腸」，但決沒有中郎的雅興。以遷居北方生活的近十年而論，最值得我懷念的朋友，是已於1984年不幸病故的楊廷福教授。在廷福學長客居中華書局期間，我們不時小聚，隨便喝點酒，劇談終夕。回首往事，廷福兄的音容笑貌，仍如在目前，但他的英魂，卻不知去向何方了！這裡，我願廷福兄魂兮歸來，能夠看一看他生前的酒友——我寫的這本小書：《明朝酒文化》。我想，他地下有知，一定會為之莞爾的。

　　不過，我深知，這本研究明朝酒文化的書，比起廷福兄研究隋唐文化的著作，在水平上，是要差一大截的。他數十年如一日，潛心於隋唐佛學、法律的研究，1957年被打成「右派分子」後，白天勞動，晚上仍苦讀、筆耕不息。而我對明朝酒文化的研究，

不過是近兩年的事。這幾年，中國大陸掀起一股文化熱、文化史熱。雖然取得了若干成績，但有的人，始終停留在空談方法論的階段，滿口經過「二道販子」倒賣後拾來的洋人牙慧，及自己杜撰的概念，簡直近似談玄。我認為，這樣的「研究」，除了產生幾個《紅樓夢》中「茫茫大士」「渺渺真人」「空空道人」式的文人外，對於研究、弘揚我中華民族的古老文化，並無用處。說千道萬不如幹。不掌握史料，談何文化史？從去年深秋開始，我把自己關於明朝酒文化的讀書心得陸續寫出來，就成了這本書。對於一些有爭議的學術問題，如燒酒的來源問題，我認為一時還說不清楚，乾脆未談；有些問題，如明朝的酒與中外文化交流，自己研究的不夠，只好暫付闕如；有的問題，如酒的具體製作過程，屬於化學史範圍，自己既不懂，也就更無必要去搶自然科學史學者的飯碗了。

縱觀明代，作為封建王朝的中央政府，對於酒的總政策，究竟是甚麼呢？從根本上說，是放任自流。這一點，清初的大學者顧炎武在《日知錄》卷 28「酒禁」條，即已指出：「至今代則既不榷緡，而亦無禁，令民間遂以酒為日用之需，比于饔飱之不可闕，若水之流滔滔皆是，而厚生正德之論，莫有起而持之者矣。」這樣的政策，對於明朝酒的生產與消費，對於政風，帶來很大的影響。除了本書的有關，已經敘述外，筆者在今年初寫的〈明朝官場吃喝風考略〉（刊於《光明日報》1 月 4 日「史學」版），也有所論述，讀者有興趣者，不妨參看。

語謂：滴水觀滄海。其實，滴酒也可觀世界。這本小書，正

是從酒的角度，觀察、剖析明朝文化的橫斷面。至於觀察是否全面，剖析是否允當，這就有待於海內外同行、廣大讀者評判、指教了。

　　友人馮其庸教授，是亡友廷福兄的莫逆之交。像當年廷福對我總是有求必應一樣，我打個電話，其庸就把拙著的題簽寄來了。他的厚誼，我是不會忘記的。

　　本書能得以面世，端賴張存武教授的鼎力推薦。對存武兄的古道心腸，特致謝忱。

王春瑜

1989 年 9 月 23 日

於燕山腳下，八角村，秋風秋雨中

明朝酒文化

目次

第一章

神州何處無酒家
——酒與明朝社會

第一節　酒的生產

明朝酒的生產，分為五種類型：一是宮廷製作，專供皇家消費，此點留待下一章敘述；二是官營作坊，以酒戶形式出現，產品投入市場，當時有人曾建議「每大縣官釀酒戶，限二十所，小縣限十所，散布鄉邑間」❶，情形可見一斑；三是酒商製作，產品投入市場，酒香飄向千家萬戶；四是富民大戶、文人雅士自釀自飲，除作為禮品餽贈親朋好友外，概不出售；五是農家製酒，與耕作結合，除有部分酒投入市場外，主要是自我消費，供男耕女織之需。

一、酒商製作

明朝成化以後，隨著社會秩序的安定，生產的發展，商品經濟日趨繁榮。各種行業數量大增，達到三百六十行之多，而酒坊就是其中之一。以正德時的江寧縣為例，鋪行達一百零四種，而酒坊即其中重要的一種。明中葉後，北京的釀酒業也頗為興旺，城郊各地遍布酒的作坊。生活在弘治、正德年間的文武雙全的陳鐸──他是一位世襲的指揮官，卻擅作詞曲，更善於諷刺──寫過〈小梁州‧酒坊〉，雖說是借酒抒懷，表達對朝

---

❶陳衎，《槎上老舌》（硯雲乙編本）。

政不滿的心聲，但仍不失為是描寫當時酒坊情形的吉光片羽。
該曲全文是：

> 雲安麴米甕頭春，注玉傾銀；青旗搖曳映柴門，遙相問，
> 多在杏花村。（么）清光忽喇都休論，縱沉酣敗國亡身，
> 說甚麼消愁悶？滿朝混沌，嫌殺獨醒人。❷

在封閉的自然經濟條件下，以酒作為安身立命之所的作坊主，
是很難以此業世代傳家的。明中葉後，隨著財產、權力分割運
動的加劇，階級關係變動的增速，各行各業往往是速興速衰，
釀酒作坊的主人們自然也難以例外。如：嘉靖時的名宦張瀚
(1510–1593) 在追述其祖毅庵發家史時，就曾經寫道：

> 家道中微，以酤酒為業。成化末年值水災，時祖居傍河，
> 水淹入室，所釀酒盡敗，每夜出傾敗酒濯甕……因罷酤
> 酒業，購機一張，織諸色綵布，備極精工。每一下機，
> 人爭鬻之……商賈所貨者，常滿戶外，尚不能應。自是
> 家業大饒。❸

這是酒戶轉為織戶而獲得大發展的著名例證，每被史家所徵引。

---

❷ 路工，《明代歌曲選》（上海，上海古典文學出版社，1956 年），頁 19。
❸ 張瀚，《松窗夢語》（北京，中華書局，1985 年），卷 6。

需要指出的是，酤酒一般指買、賣酒，但張瀚明確記載其祖「所釀酒盡敗」，顯然是既開酒坊製酒，同時也開著酒店賣酒。

二、富民自釀

有關這方面的記載，不勝枚舉。最典型的例子，莫過於高濂的釀酒。高氏字深甫，號瑞南，浙江錢塘人，是晚明南方的著名學者、作家。他家境富裕，優遊歲月，卻又著述宏富。其作品除《三徑怡閒錄》二卷外，最重要的作品是名著《遵生八牋》。他在該書的〈釀造類〉，特地寫下兩行聲明：「此皆山人家養生之酒，非甜即藥，與常品迥異，豪飲者勿共語也。」這再生動不過地表明，他的酒是自產自銷的；不過，不是銷往別處，而是銷往高氏本人及其家人的五臟廟也。他所釀的有桃源酒、香雪酒、碧香酒、臘酒、建昌紅酒、五香燒酒、山芋酒、葡萄酒、黃精酒、白朮酒、地黃酒、菖蒲酒、羊羔酒、天門冬酒、松花酒、菊花酒、五加皮三骰酒。限於篇幅，現將其中幾種酒的製法轉錄於下，也許會引起酒的愛好者特別是製酒企業家的興趣：

> 桃源酒：白麴二十兩，剉如棗核，水一斗浸之，待發。糯米一斗，淘極淨，炊作爛飯，攤冷，以四時消息氣候，投放麴汁中，攪如稠粥，候發。即更投二斗米飯，嘗之，或不似酒，勿怪。候發，又二斗米飯，其酒即成矣。如

天氣稍暖，熟後三五日，甕頭有澄清者，先取飲之，縱令酣酊，亦無傷也。此本武陵桃源中得之，後被《齊民要術》中採掇編錄，皆失其妙，此獨真本也。今商議以空水浸米尤妙，每造一斗水煮，取一升澄清汁浸麴，俟發，經一日，炊發候冷，即出甕中，以麴麥和，還入甕中，每投皆如此，其第三、第五皆待酒發後，經一日投之，五投畢，待發定，訖一二日可壓，即大半化為酒。如味硬，即每一斗蒸三升糯米，取大麥蘗麴一大匙，白麴末一大（匙）分熟之和葛布袋中，納入酒甕，候甘美，即去其袋。然造酒北方地寒，即如人氣，投之南方地暖，即須至冷為佳也。

　　這裡所說的「此本武陵桃源中得之，後被《齊民要術》中採掇編錄，皆失其妙，此獨真本也」云云，都是故弄玄虛之詞。所謂武陵桃源，本是晉人陶淵明 (365–427) 筆下創造的烏何有之鄉，自然不可能從中覓得製酒良方；北魏賈思勰的名著《齊民要術》卷7，有〈造神麴並酒第六十四〉、〈白醪酒第六十五〉、〈笨麴餅酒第六十六〉、〈法酒第六十七〉四篇，其中也並無桃源酒製法的記載。我國歷史悠久，很多人有好古癖，「敬天法祖」、崇拜三代，成了他們崇奉的神聖原則，總以為越老的東西越珍貴，越吃香，以至今人仍然深受這個傳統的影響。因此，高濂在介紹桃源酒時唱的那段好古調，也就不足為怪了。❹

香雪酒：用糯米一石，先取九斗，淘淋極清無渾腳為度。
以桶量米，準作數米，與水對充，水宜多一斗，以補米
腳浸於缸內。後用一斗米如前淘淋，炊飯埋米，上草蓋
覆缸口二十餘日，候浮，先瀝飯殼，次瀝起米，控乾炊
飯，乘熱用原浸米水澄去水腳，白麴作小塊二十斤，拌
勻米殼，蒸熟放缸底。如天氣熱，略出火氣，打拌勻後，
蓋缸口一週時，打頭杷，打後不用蓋，半週時打第二杷，
如天氣熱，須再打出熱氣，三扒打絕，仍蓋缸口，候熟，
如用常法。大抵米要精白，淘要清淨，杷要打得熟，氣
透則不致敗耳。

今天紹興黃酒中的名酒之一，便是香雪酒，不知今日香雪
酒的製法，與高濂的製法，是否有一脈相承之處？

碧香酒：糯米一斗，淘淋清淨，內將九升浸甕內，一升
炊飯，拌白麴末四兩，用篛埋所浸米內，候飯浮撈起，
蒸九升米飯，拌白麴末十六兩，先將淨飯置甕底，次以
浸米飯置甕內，以原淘米漿水十斤或二十斤，以紙四五

---

❹實際上高濂所記載的「桃源酒」的製法，基本上是錄自宋朝人朱翼中的
《北山酒經》〈酒經下‧神仙酒法‧武陵桃源酒法〉，只是在字句上稍有
不同而已。引文不註明出處，且每作改動，這是不少明朝文人著書的通
病，高濂亦未能免也。

▲麴糵：古人製酒麴法（採自宋應星《天工開物》）

▲麴糵：古人製酒麴法（採自宋應星《天工開物》）

重密封甕口，春數日，如天寒，一月熟。

臘酒：用糯米二石，水與酵二百斤，足秤白麴四十斤，足秤酸飯二斗，或用米二斗起酵，其味醲而辣。正臘中造煮時，大眼藍二個輪置酒瓶在湯內，與湯齊滾取出。

明末松江人宋翊❺在其所著《竹嶼山房雜部》中，也介紹了「造臘酒法」，現錄下，以示比較：

每米一斗，先浸一升，七日炊。將餘九斗淘盡，每米一斗，用水一十六斤浸。次將炊熱飯鋪缸面上，候熟飯浮起撈飯，另按方撈米炊熟。次將浮飯拌匀，每斗米用麴一斤，就將原泔下酒，每斗留浸過米一升骰，俱用熱飯，若天氣冷，只用略熱飯。❻

兩相比較，雖然從根本上說，製法大同小異，但宋翊所說，顯然比高濂更為詳盡，頗易倣效。古人有詩句曰「莫道農家臘酒渾」，看來臘酒是普通人飯桌上的常備物。

---

❺ 從王利器說。四庫全書文津閣本提及宋氏著作時，均誤作「詡」。見宋懋澄，王利器校錄，《九籥集》（北京，中國社會科學出版社，1984年），〈序〉。

❻ 宋翊，《竹嶼山房雜部》（臺北影印四庫全書本），卷15，〈尊生部三‧酒部〉。

建昌紅酒：用好糯米一石淘盡，傾缸內，中留一窩，內傾下水一石二斗。另取糯米二斗煮飯，攤冷作一團放窩內，蓋訖，待二十日飯浮漿醉，摭去浮飯，瀝乾浸米。先將米五斗淘盡，鋪於甑底，將濕米次第上去，米熟略攤氣絕，翻在缸內中蓋下。取浸米漿八斗，花椒一兩，煎沸出鍋。待冷用白麴三斤搥細，好酵母三碗，飯多少加常酒放酵法，不要厚了。天道極冷，放暖處，用草圍一宿，明日早將飯分作五處，每放小缸中，用紅麴一升，白麴半升，取酵亦作五分，每分和前麴飯同拌匀，踏在缸內。將餘在熟盡放面上，蓋定。候二日打扒，如面厚三五日打不遍，打後面浮漲足，再打一遍，仍蓋下。十一月二十日熟，十二月一日熟，正月二十日熟，餘月不宜造榨。取澄清併入白檀少許，包裹泥定。頭糟用熟水隨意副入，多二宿便可榨。

這裡，指出釀建昌紅酒的時間，是冬季的十一月至來年正月，其餘時間均不宜造榨，是值得人們注意的。宜寒不宜暖也。這主要是保持定溫，在氣溫低時，只需加熱，比較容易，而氣溫高要冷卻就很困難。因此自古釀酒多在晚秋和冬天，其次是舊曆正二月，三月以後，就只能作甜酒了。早在《齊民要術》時代，人們已經將這一點載之於文獻中了。❼

至於放「白檀少許」於酒內，那也是大有道理的：白檀，

即白檀香，是檀香科半寄生的常綠小喬木白檀香的心材，其味辛、溫，中醫認為能入脾、胃、肺經，具有理氣散寒、止痛的功效。❽看來，建昌紅酒具有保健作用。

> 五香燒酒：每料糯米五斗，細麴十五斤，白燒酒三大罈，檀香木、香乳、香川芎、沒藥各一兩五錢，丁香五錢，人參四兩，各為末。白糖霜十五斤，胡桃肉二百個，紅棗三升，去核。先將米蒸熟，晾冷，炤常（按：即照常）下酒法，則要落在甕口缸內，好封口，待發微熱，入糖，並燒酒、香料、桃、棗等物在內，將缸口厚封，不令出氣，每七日開打一次，仍封至七七日上榨，如常服一二杯，以醃物壓之，有春風和煦之妙。

一望而知，這種酒的配料都是佳品。其五香，除檀香木前已介紹外，乳香性辛、苦、溫，入心、肝、脾經，有活血止痛、生肌之效；川芎性辛、溫，入肝、膽、心包經，能活血行氣，祛風止痛；沒藥味苦、平，入肝經，功效與川芎同；丁香性同川芎，入肺、胃、脾、腎經，有溫中降逆、溫腎助陽之效。五

---

❼ 參見石聲漢，《從齊民要術看中國古代的農業科學知識》（北京，科學出版社，1957 年）。

❽ 上海中醫學院方藥教研組編，《中藥臨床手冊》（上海，上海人民出版社，1977 年），第十一章，〈理氣藥〉。

香再加上能大補元氣的人參，及補氣補血的棗等，五香酒的活血、行氣、溫腎、滋補的作用，是不言自明的。

　　山芋酒：用山藥一斤，酥油三兩，蓮肉三兩，冰片半分，同研如彈，每酒一壺，投藥一二丸，熟服有益。

　　山藥原名薯蕷，其味甘、平，補而不滯，不熱不燥，對補脾胃有較好的效果。看來這種酒的關鍵，是在於把山藥、蓮肉等製成如彈子一樣的藥丸，服用時只要放兩丸到酒壺中，加熱後就可服用了，倒很方便。

　　——走筆至此，不僅想起十七年前，我在上海飲山芋酒的情景。其時也，我被打著社會主義旗號，卻集封建專制主義、法西斯主義大成的「四人幫」及其走卒，用殘酷迫害的手段，戴上自然沒有頂戴花翎的「現行反革命分子」的帽子，去挖防空洞。一天，大雪紛飛，天寒地凍，我被勒令挖一口井，弄得滿身泥漿，下班後，手腳都凍僵了。在回家的路上，我路經南市大木橋一家小飯店時，便想喝一點酒禦寒。這家小店只有一種酒，即山芋酒，是皖北小酒廠的產品，小瓶裝，二兩一瓶。於是我買了一瓶，要了兩碟下酒菜。可是喝了兩口，卻像食火吞刀，異常難受，尤其是喉頭似乎在冒起陣陣青煙。「四人幫」擅舉我「妄圖顛覆無產階級專政」，而此時此刻，我卻連這區區二兩山芋酒也「顛覆」不了，只好丟在飯桌上，留待好漢「大

批判」了。如今想來，我吃的那種山芋酒，與高濂飲用的山芋酒，相差何啻是天上人間！原來，皖北、蘇北一帶，把紅薯又名地瓜，也叫作山芋，所謂山芋酒，是用地瓜乾（將地瓜切片曬乾）釀成的，而且工藝流程水平又很低劣，以至才那樣令我難以下咽。可惜的是，高濂介紹的山芋酒，似乎也早已銷聲匿跡，如果將來有誰恢復生產，我倒很樂意買上幾瓶痛飲，以補償當年在滬上小店的失落，重溫夕陽殘夢。

> 羊羔酒：糯米一石，如常法浸漿，肥羊肉七斤，麴十四兩，杏仁一斤，煮去苦水，又同羊肉多湯煮爛，留汁七斗，拌前米飯加木香一兩同醞，不得犯水，十日可吃，味極甘滑。

　　羊羔美酒是人們的口頭禪，我從童年起就對此酒大名如雷灌耳，但遺憾的是，至今尚無緣品嚐過。看了高濂介紹的製羊羔酒之法，並不複雜，此酒之味是否能與盛名相符，心中不免竊有疑焉。這裡，不妨再將宋朝人朱翼中在《北山酒經》〈酒經下〉記載的製羊羔酒法，介紹一下，以事比較：

> 臘月取絕肥嫩羖羊肉三十斤（肉三十斤，內要肥膘十斤），連骨，使水六斗已來，入鍋煮肉，令極軟，漉出骨，將肉絲擘碎，留著肉汁。炊蒸酒飯時，勿撒脂肉拌

飯上，蒸令軟，依常盤攪，使盡肉汁六斗潑饋了，再蒸
良久，卸案上攤，令溫冷得所，揀好腳醅，依前法酘拌。
更使肉汁二升以來，收拾案上及元壓面水，依尋常大酒
法日數，但麴盡於酴米中用爾（一法：腳醅發祇於酘飯
內方，煮肉取腳醅一處，搜拌入甕）。

顯然，在製羊羔酒這一點上，明朝人比前人要明白多了。
杏仁不僅性甘、苦，且有特殊香氣，木香更是氣味芳香，兩者
至少均能去羊肉羶氣，增加酒的香醇度。

三、農家製酒

這方面的例子，以明末崇禎年間浙江漣川（在今吳興縣東
境的雙林、漣市兩鎮之間）沈氏最為典型。其生平事跡不可詳
考，但留下了他撰寫的《沈氏農書》傳世。他不僅善於種田，
也很會經營。他認為，對僱工的飯食「宜優厚」，如「冬月雨天
撚泥，必早與熱酒，飽其飲食」，只有這樣，僱工才會賣力做
活。他家的規矩，是不論忙閒，僱工三人共酒一杓，後來沈氏
作了小小的改革，實行區別對待，做活重的、難度大的，每人
一杓，做活中等的，每人半杓。由於沈氏的土地不少，經營的
項目又比較多，有家庭紡織、磚窯、醋坊、油坊等，因此除佃
戶外，常年僱了不少勞力，幫他家幹活，對酒的需求量，是相
當可觀的。是買酒？還是自家製酒？沈氏顯然思量過。他寫道：

舊規：生活人供酒，斗米買三十杓，謂之長行酒。水多
味淡，徒為店家出息。若以斗米自作麴酒，當有二十四
觔（按：同斤）。以十二兩抵長行（酒）一杓，滋味力量
竟是加倍，所慮者自作易於消耗……若買糟養豬，尚有
燒酒賣，豈不可供給長年也。❾

後來，他顯然覺得自開酒坊合算，便釀起酒來了。當八月秋涼
時，他便安排人「合酒麴」，到了十月立冬小雪時，便「作十月
白酒」❿。沈氏很會精打細算，除了將所製渾酒供僱工飲用外，
更把製酒與養豬結合起來。他說：

蘇州買糟四千斤，約價十二兩，糟以乾為貴，乾則燒酒
多，到家再上笮（按：同榨）一番，尚有渾酒二百觔，
以供工人，亦可替省。每糟百觔，燒酒二十觔，若上號
的有十五觔，零賣每觔二分，頓賣也有一分六釐，斷然
不少。再加燒柴一兩，計酒六百觔，值銀十兩，除本外
尚少銀三兩，得糟四千斤，可養豬六口，凡糟燒下即傾
入缸，踐實以灰蓋之，日漸取用，久不易壞。燒時必拌
籠糠，餒時須淨去之。⓫

---

❾ 沈某，《沈氏農書》（叢書集成初編本），〈運田地法〉。

❿ 沈某，《沈氏農書》，〈逐月事宜〉。

⓫ 沈某，《沈氏農書》，〈蠶務（六畜附）〉。

這是一種簡單的再生產，買糟榨渾酒的目的，除了以劣質酒供應僱工，以圖省錢外，就是為了用酒糟餵豬。

　　當然，沈氏不會僅限於此。他更在自己的酒坊中直接用糧食釀酒。他這樣寫道：

> 長興糴大麥四十石，約價十二兩。先舂去粗芒，水浸一宿，上午煮熟攤冷，每斗用酒藥比米三倍，拌勻入罐，封口置靜處，候七日開罐，酒香傾出入甑，一如燒酒之法，每斗得酒二十斤，若好的也有十五斤，比米燒稍覺粗猛耳。每斤分半，可抵麥本，柴、藥每斗一分。得糟二十斤，養豬甚利。❶❷

他還進一步總結經驗，指出按這種方法多養豬羊，一年可得廄肥八九百石，比起租別人的牛糞窖，抵得上租牛二十餘頭，這就是製酒得糟帶來的好處，因而「耕種之家，惟此最為要務。」並引古語「養了三年無利豬，富了人家不得知」，說明了千百年來農家口頭禪「莊稼一枝花，全靠肥當家」的重要性。

　　作為經營地主的沈氏，自然還會把他釀的一部分酒，投入市場。如前述在十月釀的「十月白」酒，據說「是吳地一種上好的酒」❶❸，十二月份釀的也是好酒，這些酒除了自飲、待客

---

❶❷沈某，《沈氏農書》，〈蠶務（六畜附）〉。

❶❸陳恒力校釋，王達參校、增訂，《補農書校釋》（北京，農業出版社，

田家樂
竹枝詞

今歲收成
分外多更
盡官府後
差科大家
喫得醺醺
醉老尾盆
邊拍手歌

▲農家豐收酒（採自鄺璠《便民圖纂》）

外，主要是投入市場，獲取利潤。

　　沈氏可算作南方農家釀酒的代表。明中葉後，尤為萬曆以後，北方農村人身依附關係有所鬆動，出現了以僱工為業的勞動大軍，農村富戶僱用他們，也每治酒款待。如兗州府的沂州及寧陽、鄒、滋陽等縣，每年十月一日，「農家皆設酒餚，燕（按：宴也）傭人」**⓮**，其中一些農家的酒，也是自釀的。隆慶時山東臨朐棄官歸隱、終老田園的馮惟敏（1511–1578）即在〈玉芙蓉・山居雜詠〉中寫道：「茅簷燕壘合，柳色鶯穿破，問山妻新投濁酒如何？」**⓯**當時的農家，略有錢財者，都自家釀酒，如果凡飲均從市上酤來，就會被人恥笑。如：與馮惟敏同時的李開先(1502–1568)，因得罪權臣夏言(1482–1548)被削職為民，回到山東章丘老家「省稼灌園」**⓰**，「有時市酒飲客，客有廉而知之者，笑其多用而市費，胡不釀黍為之？」**⓱**他在遊山莊時，村民「知有遠客到，田父欣候余。為黍必殺雞，雞

1983 年），頁 22。

⓮ 陳夢雷原編、蔣廷錫等重編，《古今圖書集成》（上海，中華書局影印銅活字版印本，1934 年），〈職方典・兗州府風俗考〉。

⓯ 馮惟敏，《海浮山堂詞稿》（上海，上海古籍出版社，1981 年），卷 2 下。

⓰ 李開先，《李開先集》（上海，中華書局上海編輯所，1959 年），下冊，頁 870。

⓱ 李開先，《李開先集》，中冊，頁 551。

飛過鄰廬。開甕出濁醪，提筐剪野蔬。」⑱這裡的甕中渾酒，自然也是農家的自產自銷之物。

第二節　酒的銷售

一、酒佳不怕路遙

　　普通的酒，一般都是就地銷售，在集市上賣給顧客，或由商人上門收購、批發。例如蘇州的新郭、橫塘、李墅等村，「比戶釀造燒造發客」❶。廣東順德縣的梅花村，居民多以種梅為生，「冬春之際，以落梅醅酒」，在村南發賣。❷而好的或比較好的酒，自然有人遠走他鄉，予以推銷。以江南松江城為例，這裡出品的熟酒，本來就「甲於他郡」，外地出的酒，除了金華酒之類少數酒外，很難打進松江的酒市場。但隆慶年間，蘇州有位叫胡沙汀的人，攜三白酒至松江，看來他很會活動，先在上層兜售、宣傳，結果「頗為縉紳所尚，故蘇酒始得名」。於是松江的「小民之家，皆尚三白」，城中「始有蘇州酒店」❸。酒佳不怕路遙。各地的名酒，京師幾乎都有售。襄陵酒在嘉靖中葉即蜚聲於京城，何良俊曾記載：「襄陵十年前始入京師，據所見當為第一。」❹另外，易州酒類似江南的三白酒。泉清味冽，

---

❶ 陳夢雷原編、蔣廷錫等重編，《古今圖書集成》，〈職方典・蘇州府部〉。

❷ 屈大均，《廣東新語》（康熙間刻本），卷2。

❸ 范濂，《雲間據目抄》（申報館叢書本），卷2。

❹ 何良俊，《四友齋叢說》（北京，中華書局，1959年），卷33。

在京中也很受歡迎。一般百姓飲用的酒,「如玉蘭、臘白之類則京師之常品。」❷

二、處處酒簾在望

明代酒樓、酒店的總數,今日雖不可確考,但委實多得驚人。早在明朝初年,明太祖朱元璋 (1328–1398) 即下令在南京城內建造十座酒樓。史載:

> 洪武二十七年,上以海內太平,思與民偕樂,命工部建十酒樓於江東門外。有鶴鳴、醉仙、謳歌、鼓腹、來賓、重譯等名。既而又增作五樓,至是皆成。詔賜文武百官鈔,命宴於醉仙樓,而五樓則專以處侑歌妓者……宴百官後不數日……上又命宴博士錢宰等於新成酒樓,各獻詩謝,上大悅……太祖所建十樓,尚有清江、石城、樂民、集賢四名,而五樓則云輕煙、淡粉、梅妍、翠柳,而遺其一,此史所未載者,皆歌妓之藪也。❷

這些酒樓備極豪華,酒香四溢,豔姬淺唱,有幸登臨者,無不難忘今宵。明初江西臨川人揭軌,以舉明經至京,寓於南

---

❷ 史玄,《舊京遺事》(北京,北京古籍出版社,1986 年),頁 26。

❷ 沈德符,《萬曆野獲編》(北京,中華書局,1959 年),補遺,卷 3,頁 900。

市樓，曾寫詩詠其事謂：

> 詔出金錢送酒壚，綺樓勝會集文儒。
> 江頭魚藻新開宴，苑外鶯花又賜酺。
> 趙女酒翻歌扇濕，燕姬香襲舞裙紆。
> 繡筵莫道知音少，司馬能琴絕代無。❷⑤

　　朱元璋在南京造的酒樓，加在一起，實際上共有十六座，簡稱十六樓，除了招待士大夫外，還「待四方之商賈」❷⑥，用官妓侑酒。直到宣德二年 (1427)，「大中丞顧公佐始奏革之」❷⑦。江河日夜流，到了萬曆年間，除了在斗門橋東北的南市樓，依然與秦淮、蔣山同在，迎朝暉，送夕陽，以美酒佳餚接待八方來賓外，其餘的十五座樓，都被歲月的風塵掩埋了。不過，這些樓的基地猶存，人們仍然知道北市樓在乾道橋東北，來賓樓在聚寶門外之西，重譯樓在聚寶門外之東，集賢樓在瓦屑壩西，樂民樓在集仙樓北，鶴鳴樓在西關中街之北，醉仙樓在西關中街之南，輕煙樓在西關南街，淡粉樓也在這裡，翠柳樓、梅妍樓都在西關北街，石城樓、謳歌樓均在石城門外，而清江樓、鼓腹樓都在清涼門外。❷⑧這些酒樓雖然早已風流雲散，

---

❷⑤沈德符，《萬曆野獲編》，補遺，卷3，頁900。

❷⑥周暉，《續金陵瑣事》（北京，文學古籍刊行社，1955年），頁17。

❷⑦周暉，《續金陵瑣事》，頁17。

化為冷灰寒煙,但它的遺跡,仍然吸引著文人雅士前來憑弔,追尋當日的繁華夢。

在蘇州,到了晚明,「……戲園、遊船、酒肆、茶店,如山如林」❷。城中酒店之多固不必說,在郊區的十里山塘,也是酒館林立,接待遊覽虎丘的人們。這些小酒館的女主人,身穿紅裙,招呼遊客,頗引人注目。有首打油詩描寫此類酒館的情景謂:「酒店新開在半塘,當壚嬌樣幌娘娘。引來遊客多輕薄,半醉猶然索酒噸。」❸ 在南京、蘇州、杭州、揚州等地,還有專門的酒船,載客泛舟於湖上,在淺酌低吟、檀板笙歌中,飽覽江南「青山隱隱水迢迢」的湖光山色。甚至普通百姓也有租酒船出去遊覽的。在明人小說中,就曾描寫蘇州南園東道堂白雲房的一些道士,在「夏月天氣,商量遊虎丘,已叫下酒船」。❸ 晚明著名作家張岱 (1597–?) 在明朝滅亡後,無限眷戀當年畫舫酒船泛碧波的情景:「崇禎乙卯八月十三,侍南華老人飲湖舫,先月早歸。」❸ 在別的地方,酒館也多得驚人。有一個縣,僅縣衙門前的酒店即不下二十餘家。❸ 有的酒店因專售

❷ 周暉,《二續金陵瑣事》(北京,文學古籍刊行社,1955 年),頁 82–83。

❷ 顧公燮,《消夏閒記摘抄》(涵芬樓秘笈本)。

❸ 艾衲居士,《豆棚閒話》(上海,上海古籍出版社,1983 年),頁 109。

❸ 凌濛初,《二刻拍案驚奇》(上海,古典文學出版社,1957 年),卷 39,頁 768。

❸ 張岱,《陶庵夢憶》(上海,上海古籍出版社,1982 年),卷 3,頁 29。

某種好酒，名傳遐邇。如北京「雙塔寺趙家薏酒」，就「著名一時」 ㉞。而薏酒即薏苡酒，本是薊州（今薊縣）的特產，㉟ 時人梁網曾詠此酒道：

> 馬援征南事不証，宦囊果否是明珠？
> 昔人曾卻貪泉水，此日當筵恐不須。㊱

在夕陽山外山的古道上，有的驛站就叫「酒店子驛」，時人曾有詩歌詠其事：

> 峊峊山下酒如泉，碧柳青旗繫錦韀。
> 昨夜爐頭沽一醉，不知頓舍枕西天。㊲

酒店是如此之多，以至在嘉靖年間，學者胡侍曾驚呼：「今千乘之國，以及十室之邑，無處不有酒肆」。㊳

㉝ 陳仁錫，《無夢園集漫集》（崇禎刻本）。轉引自謝國楨，《明代社會經濟史料選編》，下冊，頁 263。

㉞ 陳夢雷原編、蔣廷錫等重編，《古今圖書集成》〈職方典‧順天府部‧雜錄〉引自《菊隱紀聞》。

㉟ 顧起元，《客座贅語》（北京，中華書局，1987 年），卷 9，頁 304。

㊱ 蔣一葵，《長安客話》（北京，北京出版社，1960 年），頁 38。

㊲ 張維新，《餘清樓稿》（萬曆刻本），卷 11，頁 16。

㊳ 胡侍，《真珠船》（寶顏堂秘笈本），卷 6，頁 2。

酒肆開張之日，熱鬧非凡，張鼓樂，結彩繪，「橫扁連楹」，賀者持果核堆盤，圍以屏風祀神。像樣的酒店都有考究的酒簾、酒旗，隨風搖曳。按：酒簾、酒旗起源甚早，《韓非子》中即有記載。我國古代著名的「矮腳虎」政治家晏子，曾謂：「人有沽酒者為器甚潔清，置表甚長，而酒酸不售者，表酒旗望簾也。」酒簾一般都置於高處，好讓飲者在很遠的地方就能看見，又稱酒望子。財力大的，在酒店前專門豎起一根旗竿，上縛酒簾，如《水滸》中的蔣門神，便在「簷前立著望竿，上面掛著一個酒望子，寫著四個大字道：『河陽風月』」。❸❾有些酒簾上的字寫得極好，一般都出於民間書法家的手筆。明初大政治家姚廣孝 (1335–1418)，就因為一個偶然的機會，對酒簾上的字十分欣賞，而收養了一個兒子。沈德符 (1578–1642) 載謂：

> 姚少師（廣孝）奉命賑荒吳中，見一酒簾書字奇偉，問之，為里中少年所書，召之至，喜惬遂以為子。命名曰繼，即承蔭為尚寶，以至太常少卿。❹⓿

這是一個真實的故事。姚廣孝邅歸道山後，「帝親製神道碑誌其功，官其養子繼尚寶卿。」❹❶洪熙元年 (1425)，「姚廣孝配享太

---

❸❾ 施耐庵，《水滸》（北京，人民文學出版社，1973 年），第 29 回，頁 339。
❹⓿ 沈德符，《萬曆野獲編》，卷 27，頁 681。
❹❶ 張廷玉等，《明史》（北京，中華書局，1974 年），卷 145，頁 4081。

廟」,「尚寶少卿姚繼……祭其父」❷。而清初著名史學家查繼佐 (1601–1676) 對這則酒簾得子的故事,記載的更為具體:姚繼本來姓甚名誰,不得而知,為蘇州閶門某酒店書酒簾,姚廣孝「嘉其筆法端整,偕與見上」。永樂皇帝令他作姚廣孝的義子,所以賜名姚繼,留他陪太子在文華殿讀書,後授官返鄉。姚廣孝死,他至京奔喪,奏對時失言,被帝立即驅逐,直到「洪熙中,復召繼,改太常」,享年「僅四十有二」❸。酒旗的作用與酒簾一樣,只是在形狀上有所不同。《水滸》在描寫打虎英雄武二郎時,有這樣的筆墨:

> 武松在路上行了幾日,來到陽谷縣地面。此去離縣治還遠。當日晌午時分,走得肚中飢渴,望見前面有一個酒店,挑著一面招旗在門前,上頭寫著五個字道:「三碗不過岡」。❹

這「三碗不過岡」云云,實際上也就是酒廣告;古人敦厚,說此酒好,不過是說喝下三碗就會醉,走不過岡子去,不像今人在電視中做的酒廣告,自賣自誇,幾乎把牛皮也吹破了!使人

---

❷ 張廷玉等,《明史》,卷 52,頁 1340。

❸ 查繼佐,《罪惟錄》(杭州,浙江古籍出版社,1986 年),〈列傳〉,卷 16,頁 2234–2235。

❹ 施耐庵,《水滸》,第 23 回,頁 257。

感到有點稀奇的是，蔣門神在「快活林」霸占來的大酒店綠油欄干上，還「插著兩把鎖金旗；每把上五個金字，寫道：『醉裡乾坤大』，『壺中日月長』」❹。這自然是由於蔣門神財大氣粗，他的廣告——酒旗，也就特別精緻。可想而知的是，荒村野嶺間的小酒店，大多並無布製的酒簾、酒旗，而是用稻草之類編成圈狀，用竹竿縛於樹巔，簡稱望子，今天我們從明人小說的插圖及明人繪畫中，還可望見這種望子的踪影。猶憶四十餘年前，筆者尚在童年，住在鄉間，村民開小酒店、豆腐店的，都在村前最高的樹上豎起這種望子，有時因故酒、豆腐脫檔，便將望子解下，免得顧客白跑一趟。這真是酒望今古一線牽。回首兒時情景，在雞鳴聲中，裊裊炊煙裡，酒望高高地點綴在蔚藍的晴空下，給田夫野老帶來幾多溫馨，幾多依戀。而今，此情此景，只能是統統留在風雨故園別夢中了！

　　一般說來，小酒店比起大酒店，更富有人情味。《醒世恆言》中描寫的宣德年間京郊運河邊小鎮上小酒店主劉德老漢，不僅「凡來吃酒的，偶然身邊銀錢缺少，他也不十分計較。或有人多把與他，他便勾了自己價銀，餘下的定然退還，分毫不肯苟取」。並能扶危濟困，幫助因貧病陷入窘境的老弱孤苦之輩，因此道路相傳，盛贊「劉公平昔好善，極肯周濟人的緩急」❹。這些小酒店能贏利多少？缺乏史料記載，難以確知。

---

❹ 施耐庵，《水滸》，第 29 回，頁 339。

❹ 馮夢龍，《醒世恆言》（北京，人民文學出版社，1956 年），卷 10，頁

但明人小說中，往往倒有具體的描寫，有助於我們了解當年小酒館的經濟狀況。如《二拍》中有一則公案故事，其中比較詳細地敘述了李方哥的酒店狀況，現抄錄如下：

> 且說徽州府巖子街邊有一個賣酒的，姓李叫做李方哥。有妻陳氏，生得十分嬌媚，豐采動人。程朝奉動了火，終日將買酒為由，甜言軟語哄動他夫妻二人……一日對李方哥道：「你一年賣酒得利多少？」李方哥道：「靠朝奉福蔭，借此度得夫妻兩口，便是好了。」程朝奉道：「有得贏餘麼？」李方哥道：「若有得一兩二兩贏餘，便也留著些做個根本，而今只好繃繃拽拽，朝升暮合過去，那得贏餘？」程朝奉道：「假如有個人幫你十兩五兩銀子，便多做些好酒起來，開個興頭的糟坊，一年之間，度了口，還有得多。」❹⓺

如此看來，一般小酒店本小利微，賣的都是村醪薄酒之類，收入僅能勉強供店主一家糊口。而本錢大的，釀好酒，開糟坊，收入便相當可觀了。明清之際江西萬安縣人郭節，「以善釀致富」，難得的是，不僅「平生不欺人」，更樂善好施，濟人危困，某日一次即借給里人四百金救急，於此也不難看出他釀酒致富

199。

❹⓺ 凌濛初，《二刻拍案驚奇》，卷28，頁583–584。

後的財力，是很雄厚的❹。

三、自古奸商花樣多

值得注意的是，莫道財源通四海，自古奸商花樣多。明朝在酒的銷售過程中，一些唯利是圖的奸商，也在拼命搞鬼，弄虛作假。例如，明末北京街頭賣一種有顏色、味芳冽的酒，說是淶水酒，其實是贗品；這種酒因為質量遠比易州酒差，早已停止生產了。往酒中摻水，使飲者「口中淡出鳥來！」（按：引自《水滸》名人花和尚魯智深語錄。）明末有人曾寫〈行香子〉一首，辛辣地嘲笑了松江出品的這種淡酒：

> 浙右華亭，物價廉平，一道會買個三升。打開瓶後，滑辣光馨。教君霎時飲，霎時醉，霎時醒。聽得淵明，說與劉伶：「這一壺約重三斤。君還不信，把秤來秤，倒有一斤泥，一斤水，一斤瓶。」❹

還有人利用民眾的好古心理，妄稱千年古酒，以牟厚利。如江西竟有人聲稱陶淵明當年曾埋下很多酒，現在被挖出來了，「美香不可言」❺。其實，陶淵明歸田後，並無關係網，兩袖清風，

---

❹ 張潮，《虞初新志》（石家庄，河北人民出版社，1985年），卷3，〈賣酒者傳〉。

❹ 吳履震，《五茸志逸》（上海，上海史料叢編本，1961年），卷1，頁23。

得酒即醉，那裡有餘錢深挖洞，廣積酒？

四、酒的計量

　　明朝酒肆中，酒是如何計量的？看來與前人差別不大。所謂升、斗、石，雖與計量糧食的衡器同名，而其實是不同的。謝肇淛 (1567–1624) 引朱翌《雜說》說，淮河以南量酒都以升來計算，一升為爵，二升為瓢，三升為觶。按照這種說法，一爵為升，十爵為斗，百爵為石。謝肇淛認為，「以今人飲量較之，不甚相遠耳。」❺❶

---

❺⓿ 李日華，《紫桃軒雜綴》（崇禎刻《李君實雜著八種》本），卷3，頁 2–3。

❺❶ 謝肇淛，《五雜俎》（崇禎刻本），卷11。

第三節　酒與法

一、酒與犯罪

　　至今民諺有謂：「酒是色媒人」、「三碗酒下肚，惡向膽邊生」。顯然，縱酒犯法，是古今極少數酒徒的通病，或者說，酒往往是犯罪的誘因。明代著名政治家顧璘 (1476–1545) 曾一針見血地說：「夜飲晏起，乃奸盜所由始。」❺❷那些殺人越貨的江洋大盜，更無一不是酒鬼。這伙人即使下了大牢，偶得酒，也看做命根子一樣。明人小說中曾描寫有個叫楊洪的捕快，為偵破一件冤案，弄了些酒肉到獄中給強盜們吃，你看強盜們的那吃相，那德性：

> 楊洪先將一名開了鐵鍊，放他飲啖。那強盜連日沒有酒肉到口……一見了，猶如餓虎見羊，不勾大嚼，頃刻吃個乾淨……那未吃的口中好不流涎。❺❸

　　用砒霜下酒毒死人命，固然是奸夫淫婦、人面獸心者慣用的伎倆，如：同上引書曾描寫正德時的李承祖，被繼母焦氏用

---

❺❷李樂，《見聞雜記》（上海，上海古籍出版社，1986 年），卷 1，頁 38。
❺❸馮夢龍，《醒世恆言》，卷 20，頁 410。

砒霜下入酒中毒死，死前痛苦萬分，慘不忍睹：

> 須臾間藥性發作，猶如鋼鎗攢刺，烈火焚燒……不消半
> 個時辰，五臟迸裂，七竅流紅，大叫一聲，命歸泉府。❺❹

而用蒙汗藥下入酒中，劫人錢財，甚至殺人的犯罪勾當，則更
使人有撲朔迷離、目瞪口呆之感。方以智 (1611–1671) 曾記載：

> 莨菪子、雲英、防葵、赤桑陸、曼陀花皆令人狂惑見鬼。
> 安祿山以莨菪酒醉奚契丹坑之。嘉靖中妖僧武如香至昌
> 黎張柱家，以紅散入飯，舉家昏迷，任其奸污，蓋是橫
> 唐方。周密言押不蘆可作百日丹，即仁寶言曼陀羅花酒，
> 飲之醉如死。魏二韓御史治一賊，供稱威靈仙、天茄花、
> 粘刺豆，人飲則迷，藍汁可解。❺❺

這裡的「仁寶言曼陀羅花酒」云云，仁寶是指郎仁寶，即
郎瑛 (1487–?) 之字，其言見於他在《七修類稿》中的這一段話：

> 小說家嘗言：蒙汗藥人食之昏騰麻死，後復有藥解活，
> 予則以為妄也。昨讀周草窗《癸辛雜識》云：回回國有

---

❺❹ 馮夢龍，《醒世恆言》，卷 27，頁 563–564。
❺❺ 方以智，《物理小識》（清初刻本），卷 12，頁 12。

藥名押不盧者，土人採之，每以少許磨酒飲人，則通身
麻痹而死，至三日少以別藥投之即活，御院中亦儲之，
以備不虞。又《齊東野語》亦載，草烏末同一草食之即
死，三日後亦活也。又《桂海虞衡志》載，曼陀羅花，
盜採花為末，置人飲食中，即皆醉也。據是，則蒙汗藥
非妄。㊻

顯然，郎瑛所說的曼陀羅花云云，就是方以智所指的曼陀
羅花酒。雖然郎瑛並未能指出蒙汗藥到底是何物，但他根據史
籍，舉出押不盧、草烏末、曼陀羅花三種具有麻醉性能的藥草，
斷言蒙汗藥決非小說家的虛妄之談，結論彌足珍貴，據筆者研
究，蒙汗藥確實是用曼陀羅花製成的。至遲在南宋，用曼陀羅
花作為麻醉藥，已普遍應用於外傷等各科。大概也正因為這種
麻藥十分普及，曼陀羅花的麻醉性能人皆知之，而且「遍生原
野」，所以綠林豪客們才信手採擷，製成蒙汗藥，經營他們的特
種買賣。㊼曼陀羅草的麻醉性能相當可觀，明末徐應秋 (?–
1621) 曾載謂：「曼陀羅草其葉如伽葉，花有大毒，末之置飲食
中，令人皆醉。取一枝掛酒庫內，飲其酒者易醉。」㊽讀過《水

㊻ 郎瑛，《七修類稿》（上海，大達圖書供應社，1936 年），卷下，〈事物
　類〉，頁 147。

㊼ 關於曼陀羅花及蒙汗藥的來龍去脈，詳參王春瑜，《「土地廟」隨筆》（北
　京，光明日報出版社，1988 年）中的〈蒙汗藥之謎〉及〈蒙汗藥續考〉。

滸》的人都不會忘記十字坡下綽號「母夜叉」的孫二娘用蒙汗藥——實際上也就是曼陀羅花酒——將人麻翻,宰了,做人肉包子的故事,這是江湖豪客用蒙汗藥下酒,幹蔑視法紀勾當的典型,而方以智記述的魏二韓御史所治之盜的招供,更為此類案件提供了最可靠的實證。

當然,也還有另一種情形,即有些人本身並非惡人,但因嗜酒,而觸法網,釀成慘禍。明人小說中曾描寫成化年間浙江永嘉縣有個儒生王傑,家道小康,夫妻和睦,但不料有一天,突然大禍臨門。請看這件事的原委:

> 王生看了春景融和,心中歡暢,吃箇薄醉,取路回家裡來,只見兩箇家僮,正和一箇人門首喧嚷。原來那人是湖州客人,姓呂,提著竹籃賣薑。只為家僮要少他的薑價,故此爭執不已……王生乘著酒興,大怒起來……走近前來,連打了幾拳,一手推將去。不想那客人是中年的人,有痰火病的,就這一推裡,一交跌去,一時間倒在地。正是:身如五鼓銜山月,命似三更油盡燈。❺❾

毫無疑問,這位王生如果不是吃醉了,「乘著酒興」,動手打人,

❺❽ 徐應秋,《玉芝堂談薈》(嘉業堂刻本),卷29,頁21。

❺❾ 抱甕老人,《今古奇觀》(北京,人民文學出版社,1979年),卷29,頁567。

又怎麼會鬧出人命案來？當然，這畢竟還是小說家言。而萬曆
時李樂記載的兩則酒禍，則是活生生的事實。一件事是：浙江
桐鄉「有中人之家貸錢開油餅坊，其僱工人與市上一人劇飲而
醉相毆，僱工人推其人墮水死」。你看，兩個醉鬼相打，一個終
於被推到水晶宮中招駙馬去了！另一件事，更是荒唐而慘烈：

> 萬曆二十八年庚子冬，烏程地方有云七里者，著姓溫族
> 所居也。某姓人有婚嫁事，故事設酒宴，鄰近人（見）
> 其酒薄，眾不喜。又有怒其邀不偏者，眾即揚言曰：「嫁
> 女酒，任汝薄，卻恐救焚酒薄不得，難道不請我們？」
> 是夜，先用計扃其戶外，使內者不得出，更餘縱火，自
> 外焚之。其家男子以送親不在，婦人及眷婦凡九人，二
> 婦又懷妊，而諸婦女俱在臥榻，被火倉皇莫措，開門不
> 得出。家故開油坊，畜牛數頭，牛驚火叫跳奔躍撞諸婦，
> 慘酷難狀。不踰時，尸雜諸煨爐中，難識認。蓋死者凡
> 十一人，而牛不與焉。諸縱火者踳橋觀火，拍手大笑。
> 郡邑及觀察公初聞亦駭其事，卒以為無證，不加嚴究。
> 死者雖多含冤，而誰恤也，傷矣哉！傷矣哉！❻

如此駭人聽聞的慘禍的釀成，固然是由於一幫子愚民的無法無

---

❻李樂，《見聞雜記》，卷6，頁84–85。

天，生性殘忍。但其導火線，卻是因為這些人嫌嫁女酒太薄引起的。正是：酒薄、酒薄，招來大惡，慘絕人寰，令人驚愕！

二、陽間最後一碗酒

在明朝人的小說、戲劇中，我們經常看到這樣的描寫：被斬囚犯（當然，其中也有因冤獄而屈死者）在臨刑前，劊子手往往塞給他所謂「陽間最後一碗酒」，在通常情況下，囚犯多半是一飲而盡的。這是古已有之，明代一仍其舊的臨刑飲酒的真實反映。史載：

> 今刑部每決重囚，必先酒食之，其來已遠。想起初意，蓋欲罪人昏醉，不大怖耳。今制凶人犯極罪，已招伏奏當，然不即斷決，猶必監候。會審無詞，又俟三覆奏而後始行刑。逮於臨刑，復酒食以醉飽之。及至市曹，又停刑不決，許其家人擊登聞鼓告訴，多有得旨放回者。足見朝廷好生之德，無所不至。而在外有司，刻礉之吏，不體此意，任情肆虐，於罪不至死之人，每每非法拷訊以斃之。是徒杖之罪反重於死刑，有司殺人，反捷於朝廷矣。❻

---

❻ 胡侍，《真珠船》，卷3，頁4。

如此看來，給犯人臨刑飲酒，體現了法外施仁。一是表明：且飲人間長別酒，「西出陽關無故人」，給即將赴死者一點精神上的安慰。二是：使犯人酒後醺醺然，昏昏然，面對劊子手時，不至於感到太恐怖。這顯然是具有人道主義精神的。這種古刑場上充滿悲壯色彩的遺風，一直延續到現代。我清楚地記得，1950年，我在江蘇省建湖縣上岡鎮讀初中。這年秋天，槍斃了原籍是該鎮的一名罪犯，叫楊兆龍。刑前，執法人員按老規矩給他一大碗酒，四樣小菜。他把菜吃光了，酒喝完了，卻猛地站起身來，一腳將小飯桌踢翻，碗碟頃刻化為碎片。這名死到臨頭仍作惡的傢伙，當然只有一個結果：使自己本來已是最壞的下場，變得更糟。此刻，我的眼前仍然清晰地浮現著三十八年前刑場上那難忘的一幕：雙手反綁，戴著瓜皮帽，穿著長衫的楊犯，被執刑者喝令向前飛跑，突然間，槍聲響了，楊犯的瓜皮帽應聲飛起一丈多高，他隨即倒下。人們議論紛紛：他的帽子怎麼會飛起一丈多高？有人立刻說：你沒瞧見那大兵（按：指執刑者），把子彈頭拔出來，在鞋底上擦熱了，然後才裝上去開槍的？他肯定用的是開花彈，楊兆龍的頭一定是被打炸了，在反作用力下，他的帽子才會飛起來。誰教他死到臨頭還不知好歹，踢翻飯桌的？活該！——聽他這一說，我隨著人流擠過去看個究竟，果然，楊犯的頭部除了耳朵還健在外，其餘部分，早已是血肉模糊，腦漿亂淌。我想，倘若當時阿Q在場的話，大概會說：「媽媽的，不如殺頭好看」的吧？嗚呼！這幕現代臨刑酒及腦袋開花的活劇，顯然是明朝人做夢也不會想到的。

第四節　酒與妓

一、〈桂枝香·嘲酒色〉

嘉靖時作家薛論道，曾寫〈桂枝香·嘲酒色〉謂：

> 黃黃肌瘦，腔腔咳嗽。做嫖頭夜夜扶頭，好飲酒朝朝病
> 酒。兩件兒纏綿，無新無舊。恰離酒肆，又上花樓。閻
> 羅請下風流客，玉帝封成酒色侯。[62]

這支小曲辛辣地嘲笑了酒鬼兼色鬼，最後兩句，更是幽默形象。
這就為我們道出了一個最簡單不過的歷史事實，不僅酒樓通向
花樓，而更重要的，幾乎所有花樓同時也是酒樓。這些「風流
客」、「酒色侯」最後的結局，多半只能是身揣酒葫蘆，「死在牡
丹下」，那是他們死得其所，當然怨不得別人。從明朝人的小
說、戲曲、筆記、野史中，我們可以清楚地看到，如果沒有酒，
像蛇菌一樣顯現其誘人色彩的社會毒瘤——妓院，恐怕早已黯
然失色，關門大吉，改為六陳舖了。在明朝，圍繞著酒與妓女，
演出了多少令人難忘的悲喜劇，從而在明代社會生活中，深深

---

[62] 薛論道，《林石逸興》（路工，《明代歌曲選》），卷6，頁107。

地打上烙印。

二、劉巘的悲劇

弘治年間，有位張智，是御史，淶水人，因貪利，從某鹽商那兒刮去很多油水。有一次，同道御史劉巘往淮安、揚州公幹，張智便跟劉巘說項，請他開後門，支鹽給這個鹽商。劉巘當場拒絕了。張智便與此鹽商密謀，假惺惺地在城外鄭家花園設宴，邀請劉巘入席，聲稱為他餞別。劉巘不知有詐，如約赴宴。等到他在連連勸杯聲中被灌得迷迷糊糊時，張智又推出妓女，與劉巘廝混在一起。按照明朝的官樣文章，是禁止官員宿娼及挾妓飲宴的。如「宣德三年，怒御史嚴皚、方鼎、何傑等沉湎酒色，久不朝參，命枷以徇」[63]。次年 (1429) 八月，宣宗又諭禮部尚書胡濙 (1375–1463) 說：

> 祖宗時，文武官之家不得挾妓飲宴，近聞大小官私家飲酒輒命妓歌唱，沉酣終日，怠廢政事，甚至留宿，敗禮壞俗。爾禮部揭榜禁約，再犯者必罪之。[64]

史稱這是「革官妓之始」。唯其如此，張智和鹽商又預先找了幾個光棍，冒充緝事校尉，這個時候突然鑽出來，要挾劉巘，拿

---

[63] 張廷玉等，《明史》，卷95，〈刑法三〉。
[64] 余繼登，《典故紀聞》(北京，中華書局，1981年)，卷9，頁167。

出一千兩銀子來，否則就將他挾妓夜飲的醜聞嚷出去。劉巋走
投無路，張智卻在一旁假充好人，故意說：我與某鹽商很要好，
讓他拿出一千兩銀子來，他到淮安、揚州後，允許他支鹽就行
了。劉巋被迫，只好答應。張智卻從這一千兩銀子中，分得一
半，揣入私囊。而商人到淮安後，因准其支鹽，所獲厚利，又
豈是這千兩銀子所能比擬的，而且出入無忌。事後，劉巋越想
越怕，擔心終將敗露，「遂引刀自刎而死。」你想，好端端的一
位朝廷命官突然自殺身亡，怎能不引起社會的強烈關注？「科道
交章劾其故」，在朝廷的干預下，最後終於真相大白，「乃真智
等於法」❻❺，將張智和鹽商開刀問斬——透過這則比較冗長的
故事，我們顯然可以看到，妓女和酒，實在是張智陰謀中的重
要環節，如果沒有這個環節，張智的罪惡陰謀未必能得逞。妓
與酒之為禍，亦可謂大矣！

三、齊雅秀、錢福的喜劇

　　世間有悲劇，也有喜劇。不准官員挾妓飲酒的禁令，明中
葉後，形同廢紙一張，而且按照「刑不上大夫，禮不下庶人」
的儒學古訓，及「只打蒼蠅，不打老虎」的世俗原則，「上層人
物游龍戲鳳，中層幹部生活小節，平民百姓品質惡劣」的法外
之法，大權在握的重臣，誰敢管他們的風流韻事？因此，連宣

---

❻❺陳洪謨，《治世餘聞》（北京，中華書局，1985年），頁54。

宗、英宗時著名的元老政治家三楊——楊士奇 (1365–1444)、楊榮 (1371–1440)、楊溥 (1372–1446)，也留下了並非是「血色羅裙翻酒污」的佳話。據載：

> 三楊當國時，有一妓名齊雅秀，性極巧慧。一日命佐酒，眾謂曰：「汝能使三閣老笑乎？」對曰：「我一入便令笑也。」乃進見。問：「何來遲？」對曰：「看書。」問：「何書？」對曰：「《烈女傳》。」三閣老大笑曰：「母狗無禮！」即答曰：「我是母狗，各位是公猴。」（按：諧音「公侯」）一時京中大傳其妙。⑥⑥

這位齊雅秀女士很有幽默感，想來她在佐酒時，一定會將三位老傢伙逗得樂不可支的。類似齊雅秀這樣的小聰敏者，看來大有人在。明末有一妓，善於監酒，曾在席間作〈調笑令〉，以催乾為韻：

> 聞道才郎高量，休讓。酒到莫停杯，笑拔金釵敲玉臺。催麼催，催麼催。
> 已是三催將絕，該罰。不揣作監官，要取杯心顛倒看。乾麼乾，乾麼乾。⑥⑦

---

⑥⑥ 馮夢龍，《古今笑史》（石家庄，花山文藝出版社，1985 年），頁 448。
⑥⑦ 褚人穫，《堅瓠集》（杭州，浙江人民出版社，1986 年）。

這首小令，當然博得「一座笑賞」。

明代金陵，十里秦淮，青樓林立，笙歌畫舫、槳聲燈影之中，名妓迭出，其中也不乏酒星。如明末的王小大，生而韶秀，為人圓滑便捷，善周旋，更「工於酒，糾觥錄事，無毫髮謬誤」，並能為酒客排憂解愁，被人譽之為「和氣湯」❻❽這也稱得上是風塵女子中有酒德之人了。

萬曆時松江的狀元錢福，已歸田里，聽說江都某妓動人，特地去造訪，至時，始知此妓已嫁鹽商。經過一番周折，商人慕其才名，終於欣然同意設宴招待。但見：

> 賈人設席西隅，出妓傳花把酒，狀元興隨境到，酒無重
> 淆。酣次，賈人令妓出白綾手巾，請留新句。時衣裳縞
> 素，往來燭前，皎若秋月，狀元持杯披袖，引滿再三，
> 妓宛轉更多，簫管之間，不覺醉飛玉笛，乃是一絕句云：
> 「淡羅衫子淡羅裙，淡掃娥眉淡點唇；可惜一身多是淡，
> 如何嫁了賣鹽人。」❻❾

這首在豪飲酒酣之際，即興揮就的打油詩，相當詼諧，讀來令人發噱。

---

❻❽余懷，《板橋雜記》（龍威私笈本）。

❻❾宋懋澄，《九籥集》，卷2，頁266-267。按：此事與嘉靖時鄞縣人余永麟撰《北窗瑣語》（叢書集成初編本）載杭州故事頗相類。見是書頁52。

第二章

酒海卷起千丈波
——酒與明朝政治

第一節　酒與皇帝

一、內法酒

　　在明朝皇帝中，不飲酒的，一個也沒有。因此，宮廷釀造或採買以及各地上貢的名酒，構成五花十色的「系列」酒——御酒。有專門的機構叫「御酒房」，由宦官管理，設提督太監一員，僉書數員。「專造竹葉青等各種酒，並糟瓜茄，惟乾豆豉最佳，外廷不易得也。」❶

二、御酒一瞥

　　宮中自釀的美酒，如「滿殿香」「內法酒」，據萬曆時品嚐過的顧起元 (1565–1628) 說，「色味冠絕」❷。但看來這也是見仁見智，明清之際的宋起鳳則認為：

> 舊日禁中內造，雜薏苡為釀，色白，味冽。多飲敗腦，苦曲藥勝也。❸

---

❶劉若愚，《酌中志》（海山仙館叢書本），卷 16，頁 32。

❷顧起元，《客座贅語》，卷 9，頁 304。

❸宋起鳳，《稗說》（《明史資料叢刊》第二輯），卷 3，頁 97。

內法酒有個總的名稱，叫長春，分甜、苦二種。具體的酒名，除前述竹葉青、滿殿香外，有金莖露、太禧白等。太禧白色如燒酒，徹底澄瑩，濃厚而不膩，被視為絕品。金莖露，孝宗初年才有配方，清而不洌，醇而不膩，味厚而不傷人，有人譽之為「才德兼備之君子」❹。崇禎皇帝很喜歡飲金莖露、太禧白，將之命名為長春露、長春白，宮中也就不再稱金莖、太禧了。有首宮詞說：

> 法酒清醇釀得工，尊罍亦自暢皇風。
> 太禧白與金莖露，不若長春是混同。❺

平心而論，帝王居九五之尊，富有四海，能夠運用至高無上的權力，蒐集佳釀配方，調來最優秀的技師，總的來說，大內之酒，自是小民所釀不能望其項背；唯其如此，宮中製酒的配方，偶而傳至民間，莫不視為珍寶。高濂藏有「內府秘傳麴方」，現轉錄如下：

> 白麵一百斤，黃米四斗，菉豆三斗。先將豆磨去殼，將殼籭出，水浸，放置一處聽用。次將黃米磨末入麵，並豆末和作一處。將收起豆殼浸水，傾入米麵豆末內，和

❹顧清，《傍秋亭雜記》（涵芬樓秘笈本），卷下。
❺朱權等，《明宮詞》（北京，北京古籍出版社，1987 年），頁 76。

起，如乾，再加浸豆殼水，以可捻成塊為準，踏作方麴，以實為佳，以粗桌晒六十日，三伏內做，方好造酒。每石入麴七斤，不可多放。其酒清冽。❻

我想，今日酒家有興趣者，不妨一試。

三、宣宗〈酒諭〉

皇帝畢竟是皇帝，其舉手投足，往往影響整個國家、社會。以飲酒而論，如普通百姓，即使發起酒瘋來，多半是在家門中鬧些小風波而已。而皇帝嗜酒，則有可能敗壞國家大事。因此，大臣往往向皇帝進諫，勸其節酒。如李賢 (1408–1466) 在給代宗朱祁鈺 (1428–1457) 的〈上中興正本疏〉中，即提出：

> 夫宴樂乃害心之鴆毒，酒色實伐性之斧斤。伏望陛下以前代聖賢之君為法，絕去嗜欲之私，養其清明之德，以斯民未被其澤為憂，以天下未得其寧為念。❼

面對於大臣，皇帝更不會允許他們溺於酒海，嚴重的，將被枷號示眾，甚至革職。對於此事，有明一代皇帝中，以宣宗朱瞻基 (1399–1435) 抓的最緊。他鑑於「郎官御史以酗酒相繼敗」，

❻ 高濂，《遵生八牋》（萬曆刻本），卷12。
❼ 陳子龍等，《明經世文編》（北京，中華書局，1962 年），卷36，頁273。

專門撰寫了〈酒諭〉。這是明代酒史中很有價值的文獻，引了《周禮》、《書經》及古聖賢的明訓，說明酗酒的危害性：

> 天生穀麥黍稷所以養人，人以麴糵投之為酒，《周官》有酒正，以式法授酒材，辨五齊之名、三酒之物，以供國用。《書》秬鬯二卣曰明禋，《詩》既載「清酤賚我，思成以享」，祀神明也。「厥父母慶，洗腆致用酒」，以事親也。「豈樂飲酒」，以燕臣下也。「酒醴維醹，酌以大斗」，「醶酒有衍，籩豆有踐」，燕父兄及朋友故舊也，皆用之大者，酒曷可廢乎？而後世耽嗜於酒，大者亡國喪身，小者敗德廢事，酒其可有乎？自大禹疏儀狄戒甘酒，成湯至帝乙罔敢崇飲，文王、武王戒臣下曰「無彝酒」，曰「德將無醉」，曰「剛制於酒」，孔子言「不為酒困」，又禮有一獻百拜，然則酒曷為不可有哉？夫非酒無以成禮，非酒無以合歡，惟謹聖人之戒而禮之率焉，庶乎其可也。❽

顯然，這篇歷史文獻中所引孔子的名言「不為酒困」等明訓，以及宣宗說的「耽嗜於酒，大者亡國喪身，小者敗德廢事」，即使在今天，仍然不失為是長鳴的警鐘。誠然，今天的世界比古

---

❽余繼登，《典故紀聞》，頁162。

代複雜得多，因嗜酒亡國，不可能再發生。但是，澳大利亞的原住民，有些人有錢就買酒，有酒就喝到酩酊大醉，日復一日的飲酒，使人們擔心這些原住民，將因嗜酒而導致傷身敗體。這與我國殷人嗜酒而亡國，如出一轍。誰能料到，「殷鑑不遠」，卻在澳洲當今之世？

四、頭腦酒

當然，反對「耽嗜於酒」，絕對不等於禁酒。對於臣下的適當飲酒，皇帝不但不反對，有時還十分關心。如生性寬厚平和的孝宗朱祐樘 (1470–1505) 曾經問一內侍：「今衙門官，每日早起朝參，日間坐衙，其同年同僚與故鄉親舊亦須燕會，那得功夫飲酒？」內侍回答：「常是夜間飲酒」。孝宗聽後忙說：「各衙門差使缺人。若是夜間飲酒，騎馬醉歸，那討燈燭？今後各官飲酒回家，逐鋪皆要籠燈傳送。」❾從此，形成定制，北京、南京都一樣，雖風雪寒冷之夜，「半夜叫燈，未嘗缺乏。」應當說，像孝宗這樣關心體貼臣下的皇帝，在中國歷史上，並不多見。

事實上，皇帝用於賞賜的酒，數量是相當可觀的。在明朝典禮中，每宴必傳旨：「滿斟酒」又云：「官人們飲乾」。李東陽 (1447–1516) 有詩謂：「坐擁日華看漸近，酒傳天語飲教乾。」此外，還有一種在元雜劇、《水滸》、《金瓶梅》中出現過，在今

❾何良俊，《四友齋叢說》，卷 18，頁 156。

人看來似乎名稱怪異的「頭腦酒」。史載：「故事，自冬至後至春日，殿前將軍甲士賜酒肉，名曰頭腦酒。」❿喝這種酒，目的在於禦寒。在明朝史料中，有關「頭腦酒」的記載，寥寥無幾，基本上沒有超出天啟年間朱國禎所記錄的範圍：

> 凡冬月客到，以肉及雜味實大碗中，注熱酒遞客，名曰頭腦酒，蓋以避寒風也。考舊制，自冬至後至立春，殿前將軍甲士皆賜頭腦酒，祖宗之體卹人情如此……景泰初年，以大官不充，罷之。而百官及民間用之不改。瑞州敖宗伯銑與吳宗伯山嫵，家相近。敖豪飲大嚼，吳方初度，具冠服過，觴之。及門已苦飢矣，吳戲出句，欲敖對就，方具酒。句云：「暖日宜看胸背花。」敖應聲曰：「寒朝最愛頭腦酒。」一笑，共飲，極歡。⓫

從朱國禎的記載可以看出，在明朝，從官府到民間，「頭腦酒」是相當風行的。而在江南，「吳人謂之遮頭酒。」⓬遮者，擋也；嚴冬季節，寒風刺骨，易使人傷風頭痛，北方尤甚，飲「頭腦酒」，則可以擋風驅寒，以免頭痛。今天的山西太原，仍然還

---

❿ 余繼登，《典故紀聞》，卷 12，頁 215。

⓫ 朱國禎，《湧幢小品》（北京，中華書局，1959 年），下，卷 17，頁 398-399。

⓬ 徐復祚，《花當閣叢談》（借月山房彙鈔本），卷 7，頁 40。

有「頭腦酒」，五十年代初期，山西有位郭本堂先生，寫信給上海研究《水滸》的何心先生，告訴他，在太原，每逢冬令，各飯館都有「頭腦酒」出售，「把羊肉數塊和藕根等放在大碗裡，用黃酒摻入。吃的時候，配以類似麵包的熟食品，當地叫做『帽盒子』……『頭腦酒』是用羊肉、生薑、煨麵、麴塊、蓮葉、長山藥、酒糟、腌韭八種原料配合而成，所以另有一個名字，叫做『八寶湯』」❸ 察今知古，也許明朝的「頭腦酒」，大體上也是如此。

皇帝所賜酒，通稱為「皇封之酒」❹。以賞賜給宗室藩王的酒為例，永樂初，周定王橚誕辰，即賞酒百瓶，立春，又賞酒千瓶。❺而對藩王到所封之地就任（史稱「之國」）的賞賜，如谷王朱橞去長沙，賜酒二十瓶。藩王來京朝賀，也賞賜美酒。如永樂二年 (1404)，賜給周王朱橚酒千瓶。永樂九年 (1411)，賜給谷王朱橞酒五百瓶，等等。❻

五、太祖逛酒店

明朝有的皇帝，如太祖朱元璋喜歡微服出訪，逛逛酒店，有時也就給幸運者帶來機會。有一次，翰林學士劉三吾

---

❸何心，《水滸研究》（上海，上海古籍出版社，1985 年），頁 265。
❹陳子龍等，《明經世文編》，卷 16，頁 120。
❺王世貞，《弇山堂別集》（北京，中華書局，1985 年），卷 6，頁 105。
❻王世貞，《弇山堂別集》，卷 67，頁 1266–1267。

(1313-?) 陪太祖微行，在一家村店小飲，惜無下酒之菜。朱元璋一時興發，唸出一副對聯的上聯：「小村店三杯五酌，無有東西。」小酒店的主人有捷才，馬上對出下聯：「大明國一統萬方，不分南北。」朱元璋十分高興，第二天早朝時，派人將這位小店主找來，讓他做官，但「店主辭不受」 **⑰**，視烏紗如棄帚，真是難得。而有個叫任福的人，在上元節登樓買酒，巧遇微服出遊，在外間獨酌的朱元璋。他趕忙下跪，朱元璋卻連連搖手，叫他不要聲張。朱元璋問他的姓名，任福告知，是國子監生，四川重慶府巴縣人。朱元璋便叫他對對聯，並出上聯道：「千里為重，重水重山重慶府。」任福很快對出下聯：「一人為大，大邦大國大明君。」此公真乃拍馬能手，而且立竿見影：第二天，朱元璋便授給他浙江布政使。 **⑱**

六、小吏張澤的歷史眼光

也還有另一種情形：當「潛龍在淵」，皇帝倒霉，想喝酒而不可得時，誰有膽量給他弄來酒，日後他一旦再「龍飛九五」，當然是不會忘記的。英宗朱祁鎮 (1427-1464) 被瓦剌放還，軟禁在深宮時，待遇不佳。某日，他想喝些酒，吃頓好飯，光祿寺的官們不給。但該寺的一位小吏，濬縣人張澤，卻認為：英宗並非歷史上晉懷帝、晉愍帝及宋徽、欽二帝那一類昏君，如

⑰ 周暉，《二續金陵瑣事》，頁 926。
⑱ 周暉，《二續金陵瑣事》，頁 927。

果他將來重新登位，光祿寺肯定吃不了兜著走。於是，他便偷偷地弄來酒食，獻給英宗。後來英宗復辟成功，「光祿官皆得罪，即日拜澤為光祿卿。」❿，「風物長宜放眼量」。區區小吏張澤，不失為是個有歷史感的人。

---

❿ 龍文彬，《明會要》（北京，中華書局，1956年），卷38，頁666。

第二節　酒與宦官

一、「酒醋麵局」

　　一方面，如前所述，御酒房是由宦官負責管理的。而皇帝每日飲酒的具體事宜，自然也是由宦官司其事。劉若愚載謂：「御茶房秩視御藥房，分兩班，牌子四員，常行近侍三四十員，職司茶酒瓜果。」[20] 另一方面，宦官無人不飲酒，其中有的人，更是名符其實的酒鬼。如臭名昭著的魏忠賢 (1568–1627)，「性貪饕，善飲啗，尤好噉犬肉」[21]。另一個著名宦官徐應元，經歷與魏忠賢很相似，「不識字，幼無行，宿娼飲博」[22]。宦官與宮人等所需酒食，由宦官管理的專門機構「酒醋麵局」職掌其事，設掌印太監一員，管理僉書約十餘員，經管酒麵諸物，「與御酒房不相統轄。」[23] 宦官中的很多人，性甚貪鄙，貪污、盜竊，司空見慣。時人曾揭發：「酒醋麵局，近以本衙門互相攻發，貪跡顯著。」[24]

---

[20] 劉若愚，《酌中志》，卷 16，頁 53。

[21] 劉若愚，《酌中志》，卷 10，頁 4。

[22] 劉若愚，《酌中志》，卷 15，頁 18。

[23] 劉若愚，《酌中志》，卷 16，頁 29。

[24] 陳子龍等，《明經世文編》，卷 102，頁 916。

二、勒索、受賄、貿易

在宦官的經濟活動中，涉及酒的，其勒索、受賄、貿易，都是值得注意的。

明朝派往各地負責鎮守或採辦的宦官，大部分都很貪酷。正德十六年 (1521)，何孟春 (1474–1536) 在〈陳革內官疏〉中，曾抨擊宦官在雲南的種種科斂擾民狀，僅昆明縣，即「取酒米並捕獵及看草場並數珠等戶丁共二百七十九丁」❷❺。崇禎時河北真定巡按李模，疏劾分守太監陳鎮，到處伸手，「即藁城一縣，勒送銀壺二把，金盤盞四副」❷❻。至於受賄，則不勝枚舉。有這樣一個富有戲劇性的故事：兩個大臣侍講筵，皇帝請教了他倆很長時間後，說：「先生們甚勞」，命賜酒。太監拿出兩隻金酒杯，很大，杯中刻有「門下晚生某進」的字樣。此某不是別人，正是這兩個大臣，在拍大宦官馬屁時特意鑄造的，而這個宦官垮臺後，家產被抄一空，統統歸入皇家內庫中了。這兩個人模狗樣的講筵官，在此時此地見到自己的罪證，既慚愧，又害怕，趕忙叩頭告辭。❷❼而在大宦官劉瑾 (1451–1510) 的抄

---

❷❺ 何孟春，《何文簡疏議》（臺北影印四庫全書珍本），卷8。參見王春瑜、杜婉言，《明代宦官與經濟史料初探》，頁 323。

❷❻ 文秉，《烈皇小識》（上海，神州國光社，1951 年），卷5，頁 152。

❷❼ 胡山源，《古今酒事》（上海，上海書店影印民國二十八年世界書局初版本，1987 年），頁 484。

家物資中，即有「金銀湯（按：應係酒之誤）盅五百」**❷⑧**。雖然比起他被沒收的「金二十四萬錠，碎金五萬七千八百兩」**❷⑨**等等令人驚詫的巨額貪污、受賄的財富來說，只能說是小意思。但對平民百姓來說，即使是做夢，也不敢奢望擁有如此多的金銀酒盅的。

明朝大約從成化年間起，宦官開始經商，正德時全面開鋪。大體上包括經管官店、監管皇店、販賣私鹽和其他物品、私開店房等。太監于經「首開皇店於九門、關外、張家灣、宣大等處，稅商權利」**❸⓪**，「科取擾害，人皆怨咨。」**❸①**宦官經營的官店，最著名的有寶和、和遠、順寧、福德、福吉、寶延等（按：均在今王府井大街一帶），每年所販來的燒酒，即約有四萬簍之多，大麴約五十萬塊，中麴約三十萬塊，麵麴約六十萬塊，京城自造細麴約八十萬塊，四直大麴約一十萬塊。**❸②**顯然，他們經營的酒、麴數量，是相當可觀的。

---

❷⑧陳洪謨，《繼世紀聞》，卷3，頁91。

❷⑨田藝蘅，《留青日札》（上海，上海古籍出版社，1985年），卷35，〈劉瑾〉，頁1110。

❸⓪譚希思，《明大政纂要》（光緒間刻本），卷44。

❸①徐學聚，《國朝典匯》（北京圖書館顯微膠卷本），卷19，〈莊田〉。

❸②劉若愚，《酌中志》，卷16，頁57。

三、生漆酒

　　在明朝後期激烈的政治鬥爭中，酒也成了特殊的工具。穆宗朱載垕 (1537–1572) 死後，大學士高拱 (1513–1578) 在內閣中大哭道：「十歲太子，如何治天下。」大宦官——集司禮監掌印、督特務機關東廠內外大權於一身的馮保，聞訊後，立即在后妃前進讒。高拱被罷官後，馮保仍不罷休，必欲置高拱於死地，以徹底鏟除這個政治上的老對手。他與張居正 (1525–1582) 勾結起來，設下一個可怕的政治陷阱：收買被東廠關押的囚犯王大臣，在他的袖子裡放了一把刀，讓他誣告高拱對朝廷不滿，派他行刺皇帝。這是彌天大罪，如果一旦獄成，高拱將被千刀萬剮，並誅連九族。但是，當錦衣都督朱希孝等對王大臣正式審訊，嚴刑逼供時，王大臣走投無路，大聲呼叫：「許我富貴，怎麼又拷打我？我在什麼地方認識高閣老！」朱希孝一聽，覺得此案實在是關係重大，牽涉馮保的陰謀詭計，那裡還敢再審？楊博、葛守禮等大臣，都保高拱，力闢其冤，張居正迫於眾議，也不得不裝模作樣地批評馮保幾句。馮保見陰謀敗露，便殺人滅口，「乃以生漆酒瘖大臣，移送法司坐斬」❸。生漆酒，不知是否即將生漆置於酒中製成？這是一種特製酒，看來除了用於害人外，不會有其他用處。

---

❸張廷玉等，《明史》，卷305，頁7801。

四、乾醉酒

晚明宦官專權，特務橫行，冤獄林立。人們如果稍有不滿，議論一下國事，發一點牢騷，往往便會大禍臨頭，甚至慘遭殺害。魏忠賢把持朝政時，「民間偶語，或觸忠賢，輒被擒僇，甚至剝皮、刲舌，所殺不可勝數，道路以目。」❸❹，「而士大夫無一夕敢舒眉歡讌，坐談間無一語敢稍及時事」❸❺。在這種鴉雀無聲、全國籠罩著一片恐怖的氣氛中，如果喝酒的人不小心，發牢騷、罵娘，便會給自己帶來殺身之禍，這是生活在政治局面正常狀態下的人們，所難以想像的。史載：「有四人夜飲密室，一人酒酣，謾罵魏忠賢，其三人噤不敢出聲。罵未訖，番子（按：東廠及錦衣衛派出的特務）攝四人至忠賢所」，您猜結果怎樣？「即磔罵者」，罵魏忠賢的人被剝皮、碎割，其餘三人嚇得魂飛魄散❸❻！還值得一提的是，東廠特務的酷刑，就叫「乾醉酒，亦曰搬罾兒，痛楚十倍官刑。」❸❼嗚呼，酒也，「萬惡假汝名以行之」！

---

❸❹ 張廷玉等，《明史》，卷 305，頁 7820。

❸❺ 薛岡，《天爵堂文集》（崇禎間刻本），卷 19，〈雜著·丑寅聞見志〉，頁 11。

❸❻ 張廷玉等，《明史》，卷 95，〈刑法三〉，頁 2334。

❸❼ 張廷玉等，《明史》，卷 95，〈刑法三〉，頁 2334。

五、宦官與釀酒業的發展

　　當然，在宦官與酒的問題上，不能簡單化地認為宦官專幹壞事，毫無貢獻可言。不，宦官人數眾多，人品、才能，參差不一，其中的某些佼佼者，對明朝的文化，作出了積極的貢獻。[38]有的宦官精於釀造技術，保存製酒祕方，這對釀酒業的發展，無疑起了促進作用。謝肇淛在評論宦官所釀之酒時說：「大內之造酒，闖豎之菽粟也；而其品猥凡，僅當不膻之酥酪羊羔。」[39]這種一筆抹煞的論調，顯然有失公允。愛屋及烏，未必可愛，而恨屋及烏，則未免可笑了。

---

[38] 王春瑜，〈論明朝宦官與文化〉，《中華文史論叢》，1989 年，第二期。

[39] 謝肇淛：《五雜組》，卷 11。

第三節　酒與政風

一、孫慧郎

　　明初左丞相胡惟庸 (?–1380)，是被朱元璋坐穩全國第一把交椅後，「烹」掉的「功狗」之一。《明史》將他列入〈奸臣傳〉。近來有人著文為胡惟庸全面翻案，認為他的那些罪狀，乃羅織而成，純屬朱元璋一手炮製的冤獄。這當然是可以研究的。但胡惟庸此人，身居高位，生活奢靡，政風不佳，而其貪酒好飲，又不能不影響他的「齊家治國平天下」。最令人稱奇的是，他竟挖空心思，養了十幾隻猴子，像人一樣，穿上衣服，戴上帽子，經過訓練後，這些猴子能行拜跪禮，會打躬作揖，還會跳舞，而吹的竹笛，居然聲音悅耳。如有客人來，便叫猴兒們「供茶行酒」，「稱之為孫慧郎」❹。史書還記載說：

> 　　吉安侯陸仲亨自陝西歸，擅乘傳。帝怒責之，曰：「中原兵燹之餘，民始復業，籍戶買馬，艱苦殊甚。使皆效爾所為，民雖盡鬻子女，不能給也。」責捕盜於代縣。平涼侯費聚奉命撫蘇川軍民，日嗜酒色。帝怒，責往西北

---

❹梁維樞，《玉劍尊聞》(上海，上海古籍出版社，1986 年)，卷 10，頁 688。

> 招降蒙古，無功，又切責之。二人大懼……見惟庸用事，
> 密相往來。嘗過惟庸家飲，酒酣，惟庸屏左右言：「吾等
> 所為多不法，一旦事覺，如何？」二人益惶懼，惟庸乃
> 告以己意，令在外收集軍馬。❹

看來，胡惟庸常在家中與一些對朱元璋不滿，而又沉湎於酒的
大臣，在一起痛飲，於連連乾盃聲中，策劃陰謀。甚至在自己
家的井上做文章，「隔牆別鑿一孔，與井相通，日輸甘旨轉注
之，訛言醴泉出，以惑上聽」❷。據說，他以此來吸引朱元璋
親自去觀看，預先埋下武士，圖謀不軌。幸虧太監雲奇偵知之，
使朱元璋識破了胡惟庸的詭計，將他逮捕。如此看來，胡惟庸
的垮臺，與酒的關係是很大的。這樣的記載，今天我們如想一
筆勾銷，又談何容易。

二、嚴嵩置酒高會

　　最近幾年，有的海外學者對嚴嵩 (1480–1567) 的評價，提
出新的看法，這無疑活躍了學術氣氛。其實，清初修《明史》
時，對嚴嵩的評價，就發生過激烈的爭論，最後否定了為嚴嵩
翻案的意見。❸我認為，不管怎麼說，嚴嵩父子（嚴世蕃，

---

❹ 張廷玉等，《明史》，卷 308，頁 7907。

❷ 趙善政，《賓退錄》（叢書集成初編本），卷 1，頁 3。

❸ 阮葵生，《茶餘客話》（上海，千頃堂刻本。光緒年間），卷 3，頁 8–9。

1513-1565）的貪婪無厭，是千真萬確的，實屬人所不齒。當時京中稱嚴氏父子為「錢癆」，而且荒謬絕倫的是，據說「父子聚賄，滿百萬，輒置酒一高會（按：即盛大的慶祝宴會）。凡五高會矣，而漁獵猶不止」❹。這實在是曠古奇聞，天大的笑話。也許這條史料，未可盡信。但是，嚴嵩父子用各種非法手段聚斂的財富，又何啻是「五高會」，亦即五百萬兩。現僅將嚴嵩垮臺後被抄家的物資清單上，酒具部分抄錄如下，相信只此一端，也足以使吾人為之瞠目的：

金酒盂九個（共重二十四兩八錢）大金酒盂十個（共重三十六兩二錢）中金酒盂十個（共重二十九兩三錢）小金酒盂一十一個（共重三十二兩）金酒盂三個（共重一十兩零八錢）金雙魚耳龍字酒盃二個（共重三兩二錢）金素日月耳大圓酒盃二個（共重五兩九錢五分）金壽星仙人勸酒盃十個（共重四十七兩五錢）金壽字雙耳圓酒盃六個（共重一十兩零五錢五分）金畢吏部酒缸一個（重五兩八錢）金嵌寶螭耳酒盃二個（共重八兩三錢）金嵌寶菊花酒盃三個（共重四兩一錢）金嵌寶葵花酒盃一十九個（共重三十六兩三錢）金嵌寶無耳葵花酒盃九個（共重一十一兩二錢）金嵌寶蓮花酒盃二個（共重三兩二錢）

---

❹馮夢龍，《古今笑史》，頁342。

金嵌寶圓酒盃二十八個（共重五十六兩五錢四分）金嵌
寶八角酒盃二個（共重四兩四錢）金嵌寶石酒盃二十七
個（共重四十一兩五錢）金酒壺四把（共重三十七兩）
金酒盤一個（重一十一兩一錢）金酒盃二個（共重一兩
九錢）。**⑤**

這些金酒盃、酒盃、酒缸的重量，即不下一萬七千餘兩，而其
實際價值，又絕對不是僅以重量所能顯示的。且不論所嵌寶物
的珍貴，製作這些精美絕倫的酒器，該又耗費多少巧匠的心血！

三、況鍾禁酗酒

　　況鍾 (1383–1443) 是明代著名清官。一曲《十五貫》，天下
知況鍾；他與因《海瑞罷官》而聞名天下的海瑞 (1514–1587)，
在現代中國，幾乎是家喻戶曉的人物。況鍾先後任蘇州知府十
三年之久，除弊政，懲兇頑，修水利等，使他深受百姓愛戴。
他很注意酒的節飲，在宣德五年 (1430) 的〈填注善惡簿榜示〉
中，即抨擊「城市富民奢侈太甚，縉紳族亦復有然。錦繡鋪張，
梨園燕飲，率以為常」**⑥**。要他們在「榜示之後，各崇儉僕」，
「永革敝俗」。在宣德七年 (1432) 五月的〈填注善惡簿榜示〉
中，更嚴屬禁止酗酒。**⑦**這對保證江南社會秩序的安定，無疑

⑤佚名，《天水冰山錄》（上海，神州國光社，1951 年），頁 42–53。
⑥況鍾，《況太守集》（南京，江蘇人民出版社，1983 年），頁 132。

是有積極意義的。

四、東袁載酒西袁醉

與況鍾輩截然相反的是，明代有些貪官、昏官，尸位素餐，唯知以酒食為樂，遭到百姓的唾棄，留穢名於百世。據說，有一官「嗜酒怠政，貪財酷民」，斷事稀裡糊塗，百姓怨恨，便作五言詩一首，對他加以無情的鞭笞：「黑漆皮燈籠，半天螢火蟲。粉墻樣白虎，青紙畫烏龍。茄子敲泥磬，冬瓜撞木鐘。但知錢與酒，不管正和公。」[48]有個松江「父母官」的故事更典型，現錄如下：

> 松江舊俗相沿，凡府縣官一有不善，則里巷中輒有歌謠或對聯，頗能破的。嘉靖中，袁澤門在郡時，忽喧傳二句云：「東袁載酒西袁醉，摘盡枇杷一樹金。」蓋澤門有一同年亦袁姓者，住府之東，頗相厚妮，時有曲室之飲，故當時遂有此謠。人以為沈玄覽所造，遂以事捕之，庚死獄中。沈平日有唇吻，善譏議，然此謠實不知其果出於沈否也。[49]

---

[47] 況鍾，《況太守集》，頁 141。

[48] 《秋夜月》上卷中層附錄〈時尚笑談·嘲官不明〉。轉引自王利器，《歷代笑話集》（上海，上海古典文學出版社，1956 年），頁 422。

[49] 何良俊，《四友齋叢說》，卷 18，頁 161。

這個姓袁的松江郡守，經常與同年飲於曲室，還能有多少心思置於政事？百姓傳聯諷之，竟不惜製造冤獄，將人整死，專制淫威，令人切齒。與這個「西袁」堪稱一丘之貉的，還有一個姓名待考者，其人其事，一直作為笑柄在民間流傳：

> 明季一知州，日以酒色為事，民詞案牘從無清理，一切委之吏目。其吏目亦無明白審辦者，一味顢頇了事。時人為之語曰：「知也糊，目也糊。」兩官風聞入耳，嚴捕之，得誦是語者二人，鞫之。一供是買豬者，豬牙賺渠錢不知多少；一供是買木者，木客賺渠錢不知多少；故二人偶語「豬也糊，木也糊」。此一時遁詞，流傳至今，竟為市井口號。❺⓿

吳語豬、知同音，而木、目諧音。這兩個無視民瘼，唯知沉湎酒色的知州、吏目，在百姓心目中，事實上被看成與豬、木同類。民之口誅，嚴於斧鉞，此又一實例也。貪官污吏，應當為之膽寒！

五、縣官賣酒

　　嘉靖時山東臨朐人馮惟敏在淶水縣當知縣，治績甚佳，忌恨者竟「誣以賣酒」，致使落職。馮惟敏因此「戲為縣官賣酒」，

---

❺⓿ 王有光，《吳下諺聯》（北京，中華書局，1982 年），卷 1，頁 26。

作套曲〈雙調新水令〉，極盡諷刺之能事，堪稱絕唱：

……〔駐馬聽〕畫戟高牙，不比尋常賣酒家；香車駟馬，非同小可潑生涯。草刷兒斜向縣門插，布帘兒飄颯譙樓下。忒清高真秀雅，把廳堂淨掃新裝榨。……〔得勝令〕一個掌櫃的坐官衙，一個寫帳的判花押，一個承印吏知錢數，一個串房人曉算法。這一個獃瓜，不吃酒便要當堂罵；那一個油花，不要錢就將官棒打。〔沉醉東風〕一個個攘賬的翻盆弄瓦，一個個少錢的帶鎖被枷。假若係良民且休索，是窮鬼饒他罷。賬難清屢次駁查，展轉那移下筆差，定門擬知情枉法。……〔折桂令〕琴堂中滿泛流霞……醉漢升堂，糟頭畫卯，酒鬼排衙。五更籌雙雙雙一迷裡投壺打馬，三通擂鼕鼕鼕都做了擊鼓催花。鈔不料罰，價不爭差，只圖個脫貨求財，勝強如害眾成家……。(51)

透過這支妙語聯珠的套曲，我們倒也從反面可以窺知，明朝的「官倒」，還不敢倒賣酒，否則就要被人告發。

(51)馮惟敏，《海浮山堂詞稿》，卷 4，頁 187–188。

六、京官的長夜之飲

陸容 (1436–1494) 有謂：

> 古人飲酒有節，多不至夜……長夜之飲，君子非之。京
> 師惟六部十三道等官飲酒多至夜。蓋散衙時才得赴席，
> 勢不容不夜飲也。❺❷

由此可知，明中葉堂堂京中六部十三道官員，很多人都愛深夜飲
酒。無數歷史事實證明，凡是酒風大熾日，常是政風敗壞時。明
中葉後，政風日差，國運漸衰，這與佔據高位的大官們縱酒怠政，
也是不無關係的。到了崇禎年間，各種社會矛盾、政治矛盾日益
尖銳，很多官吏白天忙於鑽營門戶，「及夜，又有呼盧鬥彩之會，
飛觴引滿，耗竭神情，雖職司章奏，無慮萬端，亦但主吏奉行，
官曹初不曾省視。」❺❸「而世家子弟，向號淳謹有法度者，多事
豪飲，以夜為晝。」❺❹顯然，他們互為表裡，爭相腐敗，在一天
天爛下去，走向滅亡。

---

❺❷ 陸容，《菽園雜記》（北京，中華書局，1982 年），卷 14，頁 179。

❺❸ 史玄，《舊京遺事》，頁 13。

❺❹ 朱國禎，《湧幢小品》，卷 17，頁 398。

第四節　酒與外交

一、宴請來使

　　明朝與歐、亞、非的不少國家都有友好往來。宴請外國使者，需用美酒，自不待言。史載光祿寺的職能之一，便是「凡筵宴酒食及外使、降人，俱差其等而供給焉」。❺❺

二、光祿寺的花招

　　自古以來，中國人便有好客的傳統，對穿越驚濤駭浪、風波萬里的遠方外賓，更是優禮有加。但是，小人作祟，苛待外賓的事，還是偶有發生。時人在奏疏中，曾呼籲「敦懷柔以安四夷」，揭露光祿寺公然在招待外賓的酒中攙水。疏謂：

> ……自成化年間以來，光祿寺官不行用心，局長作弊尤甚。凡遇四夷朝貢到京，……朔望見辭酒飯，甚為菲薄，每楪肉不過數兩，而骨居其半。飯皆生冷，而多不堪食，酒多攙水，而淡薄無味。所以夷人到席，無可食用，全不舉筯……安南、朝鮮知禮之邦，豈不譏笑？……非惟

---

❺❺張廷玉等，《明史》，卷74，〈職官三〉，頁1798。

　　結怨於外邦，其實有玷於中國。㊏

這篇奏疏是中國古代外交史上含有苦澀味的有價值的文獻。揩油揩到國賓頭上，真乃匪夷所思。從酒風可觀政風，明中葉後政治局面漸趨一團糟，此乃大明帝國政治肌體不斷潰爛之結果也。

㊏陳子龍等，《明經世文編》，卷62，〈馬端肅公奏疏〉一，頁505–506。

第三章

「月斜不靳酒籌多」
——酒與明朝文化藝術

第一節 酒　具

一、五花八門的酒具

　　酒具包括酒盂、酒甕、酒盅、酒盃、酒壺、溫酒爐等等，門類繁多。達官豪富之家，揮金如土，酒具的精緻貴重，自不待言，從前述嚴嵩抄家清單上的酒具，不難看出，一戶窮苦百姓的全部家當，也抵不上嚴嵩的一隻金酒盃。古典小說《金瓶梅》中描寫的，集官、紳、商、惡霸於一身的西門慶，家貲富饒，一桌酒宴，竟花去一千多兩銀子。❶其酒具主要有：勸盃、銀高腳葵花鍾、銀鑲鍾兒、團靶勾頭雞膆壺、金蓮蓬鍾、大銀衢花盃、小金把鍾、銀酒盃、銀執壺、大金桃盃、蓮蓬高腳鍾、通天犀盃、玉杯、犀杯、赤金攢花爵杯、黃金桃杯、烏金酒杯等。❷這是巨豪所用酒具的真實反映。

　　我國幅員遼闊，南北風土不同，生活方式差異很大，這在酒具上也反應出來。如海南島盛產椰子，便風行以椰子作酒瓢。時人宋訥曾寫了一篇很長的〈椰子酒瓢賦〉，予以謳歌，其中有謂：

---

❶蘭陵笑笑生，《金瓶梅詞話》（香港，香港太平書局，1982 年），第三冊，第 49 回，頁 1279。

❷蘭陵笑笑生，《金瓶梅詞話》第一、第二、第三、第四冊的有關部分。

▲明晚期　犀角雕玉蘭花杯（圖片來源：國立故宮博物院）

祝融之荒，朱崖之疆，有木維椰，花實同芳……採一殼
之貞姿，破半瓠之異常，不漆而玄，不老而蒼……酌一
瓢於坡仙，弔謫居之聞望……願常加乎洗滌，示清白以
保藏。❸

二、黑玉酒甕

中國之大，無奇不有。最大的酒甕，當推「黑玉酒甕」，史
載：「元朝萬歲山廣寒殿內設一黑玉酒缸，玉有白章，隨其形刻
魚獸出沒波濤之狀，其大可貯酒三十餘石。」❹這樣大的玉酒
甕，世所罕見。此寶物在明代安然無恙，並歷經劫波，至今仍
完好無缺地竚立在北海的團城內，讓遊人觀賞。

明代最昂貴的酒器，大概是瑪瑙酒壺，最想入非非的酒器，
當推美人杯，最符合養生之道的酒器，則非平心杯莫屬，最寒
傖的勸酒器，莫過於「子孫菓盒」了。

三、瑪瑙酒壺、犀杯、美人杯

瑪瑙酒壺，本是明初據說「富可敵國」的沈萬三的藏品，
其質通明，像水晶，中有葡萄一支，如墨點，因此稱為「月下
葡萄」。沈萬三被籍沒後，此物輾轉流入一位叫梅元衡的官吏手
中，元衡死後，此物不知所在。直到天順年間，才被重新發現，

❸黃宗羲，《明文海》（北京，中華書局，1987年），卷46，頁334。
❹蔣一葵，《長安客話》，頁34。

後落入宦官手中❺。

用犀牛角製的杯，當然也是十分名貴的。有人在海南曾見過一種犀杯，「斟酒晝則日、夜則月見於酒中，酒盡即隱。」❻真是巧奪天工，令人稱奇。

所謂美人杯，馮惟敏在〈黃鶯兒‧美人杯〉中，有很生動細緻的描寫：

> 掌上醉楊妃，透春心露玉肌，瓊漿細瀉甜如蜜。鼻尖兒對直，舌頭兒聽題，熱突突滾下咽喉內。奉尊席，笑吟吟勸你，偏愛吃紫霞杯。
> 春意透酥胸，眼雙合睡夢中，嬌滴滴一點花心動。花心兒茜紅，花瓣兒粉紅，泛流霞誤入桃源洞。奉三鍾，喜清香細湧，似秋水出芙蓉。❼

讀了這支〈黃鶯兒〉，不能不使人感到，明朝的某些士紳，實在是匪夷所思。

四、平心杯

平心杯是限酒杯。時人劉定之曾作〈平心杯贊〉，將這種杯

---

❺ 朱國禎，《湧幢小品》，卷17，〈陳湖道士〉。

❻ 王肯堂，《鬱岡齋筆塵》（北平圖書館印本，1930年），卷4，頁10。

❼ 馮惟敏，《海浮山堂詞稿》，卷2上，頁97。

子的形狀、功能，描寫的清清楚楚：

> 陶瓷為杯，有童中立。斟之以酒，浸趾沒膝，匯腰平心，
> 不可復益；益則下漏，淋漓滴瀝，至於梧乾，衣履盡濕，
> 童僕竊笑，賓主失色。維昔哲匠，用戒貪得。豈惟酒哉，
> 可該凡百。❽

這種酒杯真是妙極了！但是，它只能是對君子方可起到「用戒
貪得」的妙用，而對酒鬼、酒狂來說，此輩肯定是不耐煩使用
這種限酒杯的。

五、子孫菓盒

常言道：貧賤夫妻百事哀。在經濟落後的窮困地方，蚩蚩
小民，難得溫飽，即使偶爾飲酒，也只能是窮對付。如江西貧
窮，民俗勤儉，飲食省之又省。如吃飯，第一碗不許吃菜，第
二碗才以菜下飯，還美其名叫「齋打底」。對豬身上最有興趣的
是內臟，因為連半根骨頭都不會有，可以吃個一乾二淨，使狗
在一旁乾瞪眼，因此雅稱此菜叫「狗靜坐」。獻神的牲品，從食
品店租借，獻畢歸還，故名「人沒分」。而「勸酒菓品，以木雕
刻，彩色飾之，中惟時菓一品可食，名曰『子孫菓盒』」❾。如

---

❽黃宗羲，《明文海》，卷123，頁1238。

❾陸容，《菽園雜記》，卷3，頁28–29。

此節儉，雖情有可原，但未免走向極端，太寒傖了！試想，主人擺酒，客人面對下酒的菓盒，雖然花花綠綠，卻都是木雕道具，當作何感想？這種形式主義、把飲食象徵化、戲劇化的把戲，大煞風景，丟人現眼，是必須拋棄的。

六、金蓮杯

不同時代不同階層的人，具有不同的文化心態、審美觀念。明朝某些文人雅士自認為風流倜儻、賞心悅目的飲酒風尚，今天看來，也有令人噁心者在。所謂「金蓮杯」，便是個典型的例子。《金瓶梅》第六回描寫西門慶與潘金蓮在房間廝混，有謂：

> ……少頃，西門慶又脫下他（按：指潘金蓮）一只繡花鞋兒，擎在手內，放一小盃酒在內，吃鞋盃耍子。婦人道：奴家好小腳兒，官人休要笑話。❿

生活在元代，卒於明初的著名詩人楊維楨 (1296–1370)，也有這種惡習。他常在酒宴上，看見歌兒舞女雙足纏得特別瘦小的，便脫下她的鞋，「載盞以行酒」⓫。據沈德符《敝帚齋餘談》記載，隆慶年間的著名江南文人何良俊，居然將南院中妓女王賽玉的紅繡鞋偷出來，常常用它觴客，客中多因之酩酊。當然，

❿ 蘭陵笑笑生，《金瓶梅詞話》，第一冊，頁 181–182。
⓫ 陶宗儀，《南村輟耕錄》（北京，中華書局，1959 年），卷 23，頁 279。

▲酒是色媒人：西門慶、潘金蓮酒後調情狀。守門者為王婆。
　　（採自蘭陵笑笑生《金瓶梅詞話》）

此風並非明朝始。宋朝文人張邦基在其所著《墨莊漫錄》中，曾錄下一首〈雙鳧詩〉：

> 時時行地羅裙掩，雙手更擎春潋灩。
> 旁人都道不須辭，儘做十分能幾點。
> 春柔淺蘸蒲萄暖，和笑勸人教引滿。
> 洛塵忽泯不勝嬌，劃踏金蓮行款款。

由此可知，其來亦可謂久矣。

七、成窯酒杯

明代成窯酒杯，享有盛名，後世得者無不珍藏。清代學者阮葵生 (1727–1789) 所見成窯酒杯，品種仍很不少。如，「高燒銀燭照紅粧」：一位美人持燈看海棠；「錦灰堆」：折枝花果堆四面；「雞窯」：上畫牡丹，下畫母雞、小雞；「鞦韆杯」：士女、鞦韆；「龍舟杯」：龍船競渡；「高士杯」：一面畫茂叔愛蓮，一面畫淵明對酒；「娃娃杯」：五嬰相戲；此外，還有畫著香草、魚藻、葡萄、瓜茄、吉祥草、優鉢羅花等花果的酒杯，「名式不一，皆描畫精工，點色深淺，磁色瑩潔而堅。」❷

---

❷ 阮葵生，《茶餘客話》，卷10，頁1。

▲明　成化　鬥彩雞缸杯。

▲明　成化　鬥彩人物杯。

▲明　成化　鬥彩嬰戲杯。

▲明　成化　鬥彩嬰戲杯。

（圖片來源：國立故宮博物院）

八、王銀匠

製作各種酒器的匠人，其生產情形，由於史料缺乏，今天我們很難詳盡描述他們當年製作酒器的辛勞、精巧。明人小說中，偶有描寫。如：「北京大街上有個高手王銀匠，曾在王尚書處打過酒器。」❸ 陳鐸的〈雁兒落帶過得勝令·銀匠〉，不失為是對包括製造酒器在內的銀匠，十分形象、生動的刻畫：

> 鐵錘兒不住敲，膠枝兒終常抱。會分鈒手藝精，慣鑲嵌工夫到。炭火滿爐燒，風匣謾搧著。交易無貧漢，追尋總富豪。經一度煎銷，舊分兩全折耗。下一次油槽，足乘色改變了。❹

明代各地製造的酒器，可能廣東省的產品相當不錯。成化十四年 (1478)，憲宗即曾派人去廣東採買酒器及其他物品。❺

九、瓦羽觴

在明代的出土文物中，屬於酒器的，以當屬漢代的「瓦羽

❸ 馮夢龍，《警世通言》（上海，上海古籍出版社，1987 年），下，卷 24，頁 942。

❹ 路工，《明代歌曲選》，頁 8。

❺ 陳子龍等，《明經世文編》，卷 80，頁 710。

觴」最引人注目。在大的古墓中，有時能得到上百甚至上千隻，以蠟色而香者為佳，如果有泥土氣，呈微青色並漏酒的，則是贗品。❶

十、品官與酒具

封建社會是以等級、特權為支撐點的社會，衣食住行，無不受品級的限制。明初定品官，也隨之對各類品官的酒具，作了嚴格的規定：「一二品官酒器俱黃金，三品至五品銀壺、金盞，六品至九品俱銀，餘人用瓷、漆木器。」❷當然，封建特權並非是一成不變的，明代即風行「有錢能使鬼推磨」的格言，腰纏萬貫的巨商大賈，以及住在「天高皇帝遠」的鄉間財主們，所用酒器，是很少篤守上述規定的。崇禎末年，內外交困，國力維艱，「癸未（按：崇禎十六年，1643）冬禁金銀酒器」❸，這分明顯示著，國運衰，酒具也衰了。

十一、一則笑話

關於酒器，明朝還有個很煞風景的笑話。古人以溺酒為「急須」，顧名思義，是應急而必須備用之物，以便及時方便。但有

---

❶ 王士性，《廣志繹》（北京，中華書局，1981 年），卷 3，頁 38–39。
❷ 談遷，《棗林雜俎》（上海，國學扶輪社印本），智集，頁 8–9。
❸ 談遷，《棗林雜俎》智集，頁 65。

些明朝人不加深究，竟「又以貯酒之器謂之『急須』」⑲，真可謂是醉眼矇矓太糊塗，竟把溺壺當酒壺了。

---

⑲郎瑛，《七修類稿》，卷上，頁 205。

第二節　酒　社

一、吃會、蓮花酒社

　　明朝的酒社遍布南北，但從性質上說，純粹以飲酒為樂事的酒社，是不太多的。大體說來，明朝的酒社有三種類型：藉酒互助；作詩論文；議論國事。第一種類型，如北方中州的「吃會」：

> 中州俗淳厚質直，有古風，雖一時好剛，而可以義感……
> 其俗又有告助、有吃會……吃會者，每會約同志十數人，
> 朔望飲於社廟，各以餘錢百十交于會長蓄之，以為會中人
> 父母棺衾緩急之備，免借貸也，父死子繼，愈久愈蓄。❷⓿

第二種類型，最為普遍，如晚明無錫黃瑜主持的「蓮花酒社」。
史載：

> 黃瑜字公白，號葵軒，天順六年鄉舉，端方雅正有器識，
> 博通經史，三上春官不第，遂優游林泉，與知交結蓮花

---

❷⓿王士性，《廣志繹》，卷3，頁37。

　　酒社。或勸之仕，曰：吾豈為五斗米折腰者？ ㉑

在明朝人的詩文集中，對於此類酒社的記載，俯拾即是。南方
文人更富有結社的傳統。以杭州為例，元朝就有過清吟社、白
雲社、孤山社、武林社、武林九友會等，「託情於詩酒」。到了
明朝，「猶有餘風」，蔣廷暉等人或在西湖，或在城內園林中，
淺斟慢酌，歡洽歌詠 ㉒。

二、酒社的政治色彩

　　在明朝酒社中，最值得注意的，還是第三種類型，即帶有
政治性的酒社。已故前輩史學家謝國楨教授 (1901–1982) 在半
個世紀前寫的名著《明清之際黨社運動考》中，詳盡而精闢地
考述了大江南北的結社，在明末特定的政治形勢下，憂國憂民
的文士，所結社盟，越來越具有政治色彩，而反對閹黨，更是
其重要內容。需要指出的是，即便是這些政治性的社盟，都離
不開酒，莫不具有以飲而聚的特點。因此，正是在這個意義上，
我認為無妨把這些文社也列為酒社。以名聲並不很大的南京「國
門廣業之社」來說，其成員是復社中的人及東林黨人的遺孤。
著名思想家黃宗羲 (1610–1695) 曾記載：

㉑黃卬，《錫金識小錄》（環溪草堂校本），卷5，頁7。

㉒田汝成，《西湖遊覽志餘》（北京，中華書局，1985 年），卷 21，〈委巷叢
　談〉，頁 388。

> 崇禎己卯 (1639)，金陵解試，先生次尾（按：即明末四
> 公子之一的吳應箕）舉「國門廣業」之社，大略揭（按：
> 指揭發阮大鋮罪行的 〈留都防亂公揭〉，東林後裔及復
> 社、幾社名士，很多人都簽了名）中人也，崑山張爾公、
> 歸德侯朝宗、宛上梅朗三、蕪湖沈崑銅、如皋冒辟疆及
> 余數人，無日不連輿接席，酒酣耳熱，多咀嚼大鋮，以
> 為笑樂。㉓

大鋮，即阮大鋮 (1587–1646)，天啟時曾投靠魏忠賢，崇禎帝
上臺，廢除閹黨，「欽定逆案」時，將他廢斥，在南京閒居，但
時刻企圖東山再起，因而成為江南士子抨擊的對象。明朝滅亡
後，阮大鋮在南京弘光小朝廷重新掌握大權，對以復社為首的
盟社運動加以鎮壓，一些文社風流雲散，不少人只好返回林泉，
在故園喝悶酒，慷慨悲歌了。

又如廣東的南園詩社，文名四溢，入社者頗多，常常集會，
「會日有歌妓侑酒」㉔。但不久清兵南下，詩社骨幹陳子壯、
張家玉、陳邦彥在起兵抗清失敗後，都以身殉國，南園詩社無
形中停頓㉕，詩風、酒風，漸成絕響。

㉓黃宗羲，《南雷文約》，卷1，〈陳定生先生墓誌銘〉。

㉔九龍真逸，《勝朝粵東遺民錄》（真逸寄廬刊本，1916年），卷2。

㉕謝國楨，《明清之際黨社運動考》（北京，中華書局，1982年），頁197。

第三節　酒　德

一、酒之辱

　　古人往往把飲酒、彈琴、作詩聯在一起，而對於三者的修養，分別稱作琴道、酒德、詩思。劉伶的〈酒德頌〉是中國文學史上的名篇。當然，不同文化素養的人，對酒德的標準不會完全相同。何良俊曾舉出十點所謂「酒之辱」，也就是缺乏酒德的表現，這就是：

> 大凡飲酒，或起坐，或遷席，或喧譁，或沾酒淋漓，或攀東指西與人廝賴，或語及財利，或稱說官府，或言公事，或道人短長，或發人陰私，此十點皆酒之辱也。今席上人有出外解手者，即送一大杯，謂之望風鐘，乃因起坐而行罰，亦古人之遺意也。今世之飲酒者，大率有此十失。遇坐客有一於此，便當舍去。❷

今天看來，除了第六條有「何必日利」陳腐的道學氣息，第七、八、九條未免過於嚴肅，甚至有假正經之嫌外，其他各條，仍

---

❷何良俊，《四友齋叢說》，卷33，頁299。

有現實意義。今天，如果我們在中國大陸的某些飯店稍加留意，便不難發現，那些一會兒站，一會兒坐，隨便離席，大聲嚷嚷，衣襟、桌子上濕漉漉一大片酒，為了芝麻綠豆大的事而吵鬧不已的人，仍大有人在。這些人實在是太缺乏酒德了。

見酒即縱飲，醉後失態，瘋瘋癲癲，或嘔唾，狼籍滿地，或胡言，瞎三話四，從來被人們認為是不雅之舉。有首〈撒酒風詩〉，讀來可佐一噱：

> 娘舅常常撒酒風，今朝撒得介恁（按：吳語，「這樣」之意）兇。踢翻兩個糖攢盒，踏破一雙銀酒鍾。面孔紅來乾急迸，髭鬚白得就蓬鬆。傍人問道像何物，好似跳神馬阿公。[27]

因過飲變得頭腦可笑，有失身分，連某些名流也不例外。如李東陽在翰林院時，有一天陪一位知府飲酒，不知節制，喝醉了，竟說：「治生今日舍命陪君子矣！」知府笑道：「學生也不是君子，老先生不要輕生！」[28]東陽遭此奚落，真是活該！

二、以酒虐人

酒德最壞的表現，莫過於以酒虐人，也就是故意折騰人，

---

[27] 褚人穫，《堅瓠集》，壬集，卷2，頁14。

[28] 馮夢龍，《古今笑史》，頁470。

強灌強飲，簡直與虐待無異。嚴嵩之子嚴世蕃，就是個典型。著名學者王世貞 (1526-1590) 喜歡開玩笑，有一天與嚴世蕃等同席，座中有位客人不會喝酒，嚴世蕃竟端起酒杯強迫他喝，使他的衣服上酒汁淋漓。王世貞看不下去，便拿起一個最大的酒杯，斟得滿滿的，代客與嚴世蕃乾杯，世蕃一看傻眼了，推說自己傷風，不勝杯杓，滅了威風。王世貞還詼諧地說：「爹居相位，怎說出傷風？」觀者感到大快人心。但據說這一來，王世貞可種下了禍根，是導致其父薊遼總督王忬 (1507-1560) 後來被嚴嵩父子殺害的重要原因。❷⁹

三、蘇氏之德

有一個丟失酒器的故事，一正一反，活脫脫地畫出了君子與小人在酒德上的分野。史料記載：

> 橙墩武昌富而好學，且好客。有愛妾蘇氏善持家，一日宴客，失金杯，諸僕皆嘖嘖，四覓之。蘇氏遂誑之曰：「金杯已收在內，不須尋矣。」及客散，對橙墩云：「杯實失去，尋亦不得。公平日好客任俠，豈可以一杯之故，令坐上名流不歡乎？」橙墩頗善其言。近有監生宴客，失物，百遍搜坐客者。較之蘇氏，可愧死矣！❸⁰

---

❷⁹ 沈德符，《萬曆野獲編》，卷8，頁208。

❸⁰ 周暉，《金陵瑣事》，頁144-145。

這位蘇氏，雖為女流，卻明智俊達，頗有大將風度。而那位監生，真乃愚不可及也，太煞風景。顯然，一個人的酒德如何，歸根到底，是其品德及文化修養所決定的。

四、鼻 飲

某些飲酒者，飲法獨特，甚至是稀奇古怪。如嘉靖年間，有個叫汪海雲的人，能用鼻子飲酒。[31]雖亦算有術，其實不雅也。人，又何必學牛飲？當然，這也是古已有之，宋朝范成大(1126–1193)在《桂海虞衡志》中曾記載說：「南邊人習鼻飲，有陶器如杯碗，旁植一小管，若缾咀，以鼻就管吸酒漿。」看來，這是邊疆地區的特殊飲酒習慣，但實在不登大雅。而同是宋人的周去非，則認為鼻飲「止可飲水，謂飲酒者，非也」。[32]這顯然是片面的武斷之論。

五、方廉之廉

好的酒德，能夠形成好的酒風，並影響政風。萬曆時松江知府方廉，作出一項規定：凡士大夫請他飲酒，只允許用水菓酒，下酒菜不准超過五六盤，否則他就罷宴。在他的影響下，「俗為丕變」，對扭轉豪飲大嚼的奢靡之風，起了促進作用。[33]

---

[31] 郎瑛，《七修類稿》，卷下，頁183。

[32] 周去非，《嶺外代答》（叢書集成初編本），卷10，頁117。

[33] 李樂，《見聞雜記》，下，卷8，頁691。

第四節　酒　品

一、酒　色

　　常言道：見多識廣。有不少喜飲酒者，幾乎嚐遍天下佳釀，久而久之，通過鑑別、比較，便形成一門學問，評品酒的優劣，道出名酒之所以成為名酒，及普通酒、劣質酒的所以然來。於是酒品跟茶品、水品一樣，極受文人雅士、官僚士大夫的重視。

　　酒有不同的顏色，隨著各人喜好之不同，評品的結果便不一樣。有的以綠為貴，唐代大詩人白居易 (772-846) 便有過「傾如竹葉盈尊綠」的詩句；有的以黃為貴，詩聖杜甫 (712-770) 曾吟哦「鵝兒黃似酒」；至於「小糟夜滴珍珠紅」（李賀，790-816），則表明了有的人喜歡紅酒。大體說來，明朝人在酒色觀上，並未超出唐朝人的範圍。隆慶年間的田藝蘅，在論及酒色時，除了肯定前引李賀詩句，肯定紅酒等以外，還援引詩文，分別指出別的顏色酒，說明人各有好：

　　　紫酒：譚用之詩「杯粘紫酒金螺重」，注：江南紅釀，涼
　　　州蒲桃。
　　　黃酒：皇甫子奇以色如金而味醇且苦者名之曰酒賢。張
　　　九齡詩：「玉盌才傾黃蜜劑」；杜甫云：「⋯⋯對酒愛新

鵝」；蘇軾云：「大杓瀉鵝黃」。

綠酒：〈南岳夫人傳〉：「設王子喬瓊蘇綠酒」；杜詩：「綠
酒正相親」，又云「遙觀漢水鴨頭綠，恰似葡萄初潑
醅」；……秦少游云：「翡翠側身窺綠酒」……至楊廷秀
乃云：「瓮頭鴨綠變鵝黃」，則綠酒或老乃成黃色也。

清酒：詩：「清酒百壺」。〈鄒陽賦〉「清者為酒，濁者為
醴，清者聖明，濁者須駿。」蘇子云：「誰分銀橰送清
醇。」

濁酒：嵇康云：「濁酒一杯」，杜少陵云：「墻頭過濁醪」。

黑酒：《醉鄉日月》謂之「愚酒」，色黑而酸醨者也。❸

二、酒 味

據田藝蘅記載，「世間能飲者多不喜甜酒」，並說他自己也
「最不喜甜酒」；香醪酒因「有自然之香，乃為佳釀」，不一定
非用花及香藥釀成，可見一部分明朝飲客，「愛好是天然」；蒸
酒，性爽豁，故受人歡迎；生酒，不煮不蒸酒也，「世有專喜飲
生酒者，云有風味，但性太熱，難入口」；凍漿酒，凡酒過熱則
酸，過冷則凍，古代又稱凍醴；灰酒：或用茅柴灰，或用石灰。
明朝後期杭州多灰酒，京師人造酒也用灰。這種酒「觸鼻創口
蜇舌，善飲者甚病之」❸，看來只有販夫走卒、賣漿者流等下

❸ 田藝蘅，《留青日札》，卷24，頁785–786。

❸ 田藝蘅，《留青日札》，卷24，頁782–785。

層貧民，用以聊解酒渴了。

三、謝氏品酒

謝肇淛也喜歡品酒。他的基本看法是：「酒以淡為上，苦冽次之，甘者最下。」現將他評論的酒，簡介如下：

北京薏酒：用薏苡實釀之，淡而有風致，但對酒量大的人來說，顯然不對味口。

易州酒：比薏酒強，但更淡。

山西的襄陵酒：甚冽。

潞州酒：奇苦。

南和刁氏酒、濟上之露酒、東郡桑落酒：釀淡不同，漸趨於甘。

京師燒刀酒：性凶，「不啻無刃之斧斤」。

內酒：其品猥凡。

江南三白酒：不脛而走，幾乎風行大半個中國。但吳興造的三白酒，勝過蘇州的；這是因為蘇州人急於求售，對水、米都沒有精心挑選的緣故。另外，吳興碧浪湖、半月泉、黃龍洞諸泉皆甘冽異常，「泉冽則酒香」。

雪酒、金盤露：全屬虛名。但還不是最壞的酒。

玉蘭溪酒：濫惡至極。醇釀有餘，風韻不足，就好像美人發福，風度太差。

福建所產酒：無佳品。順昌酒曾經一度很吃香，時下則推

建陽酒為冠軍。順昌酒卑下,建陽酒色、味都幾乎趕上吳興三白酒,但風力不足。

北方的葡萄酒、梨酒、棗酒、馬奶酒,南方的蜜酒、樹汁酒、椰漿酒:不用麴蘗,自然而成,也能醉人,真是怪事。

荔枝汁酒:燒酒也。酒甜,但易壞。

佛香碧:用佛手柑製成,始飲香烈奇絕,但也不耐藏。

江右麻姑酒、建州三白酒:如喝湯,僅能「果腹而已」。❸❻

四、宋氏品酒

明清之際的宋起鳳,蹤跡幾乎半天下,評點南北之酒,歷歷如數家珍。他認為:易州、滄州的酒最好,因為這兩個地方的水非常好。易水清,滄水濁。濁中有暗泉出河底,所以用滄州水釀的酒,如改用別處的水,則遠遠不及了。另外,其製麴等都很有特點。易州屬邑昔稱淶水,酒較易水差,有色,味芬冽,在易水次。北京房山縣一位姓楊的所釀酒,叫房酒,色如赤金,味道沖和醇正,價格比別的酒高,都是隔年煮的。北京城內的酒,數得上的,只有雪酒而已。過去仙雪居的雪酒很出名,最近則推甘露、瀾液、仙掌等幾家,但多半失之於太甜。山西的酒,唯有太原出產的品種繁多,有桑落、羊羔、桂花、玫瑰、蠟酒等。日常飲用以蠟酒為宜,桑落酒稍次。其他的酒

---

❸❻謝肇淛,《五雜俎》,卷 11,頁 5–7。

往往假其香味炫耀於人，其實真味反而沒了。代州的酒很好，味醇，清芬溢齒頰，與易州酒不相上下，深受塞下人士的歡迎，山西酒中當推此酒為第一。潞安酒有三河清、豆酒、紅酒，都是甜味。襄陵酒中只有羊羔酒很好，但帶膻味，濃艷且甜，在太原的羊羔酒之上。陝西出的哂酒，味道濃厚不清，不過取其別致而已。甘州的枸杞酒，是浸泡而成的，紅色，有草藥氣，老人飲之有益。西梁州的葡萄酒，來自西域，色碧味旨，能袪臟熱，普通人很難有機會享用此佳品。江北只有高郵的天泉、蒂薆、五加皮諸酒，天泉為上，皮酒次之，蒂薆更次之。天泉酒清，五加皮酒濃，都失之太甜。而且五加皮酒越陳越濃，多飲傷脾。江南的酒，如江寧的玉蘭，蕪關的三白，鎮江的紅酒，都不佳。無錫惠泉酒因水聞名天下，米又軟白，是江南酒中的極品。土人多半飲狀元紅，而不太喜歡三白酒。杭州人喜歡臘酒、白酒，無名酒出產。紹興的花露酒，在市面上出售的，飲之作渴，興目不清，但家藏至三四年的，幾乎可以與滄州酒並列。金華酒色味皆濃，但放久了，就會壞。兩廣只有椰子酒饒有風韻，其他如荔枝酒、蛇酒都是劣品。宋起鳳環顧國中之酒，最後下結論說：

> 總計海內酒品，南（按：指江南）則惠（按：指惠泉酒）
> 及白（按：指三白酒），淅則花露尚矣。北則滄、易、涞
> 水聖矣。他可自雄其地，難以頡頏也。**㊲**

宋氏的品酒，使我們得以大體上比較全面地對於明代的酒品，有所了解。當然，品酒歷來見仁見智，他的看法，難免存在著片面性甚至偏見，如抨擊荔枝酒、蛇酒一錢不值，其實好的荔枝酒也不失為上品，好的蛇酒更是良藥，流傳至今而不衰。他評品的好酒，前人也有認為是差的，如邢侗 (1551–1612) 早就說過，「滄酒亦在品下。」邢侗能自釀酒，所釀的蓮花白酒，「此麴真用白蓮花漿合成，清芬頗饒舌鼻間」❸❽，當然是位釀酒能手。不過，他心目中的酒品，也仍是邢氏一家言而已。他對很多人推崇的北京刁家酒、趙家蕙酒，嗤之以鼻，恐怕很難說是公允之論。明朝不像現代，並沒有專門的評酒委員之類機構。不過，良、賤自在人心，多數飲酒者的價值取向，應當是公正的。

---

❸❼宋起鳳，《稗說》。《明史資料叢刊》，第二輯，頁 96–98。

❸❽黃宗羲，《明文海》，卷 208，頁 2073。

第五節　酒與禮俗

一、鄉飲酒禮

　　鄉飲之禮，起源甚古。《周禮》中有很繁瑣的記述。清代考據家更作過不少文章。大體說來，古代凡群眾聚會宴飲，不可無一定之禮節，於是便有鄉飲酒禮的產生。近代學者鄧子琴 (1902–1984) 曾將古代鄉飲酒禮的主要內容，概括為六個方面：一、選舉。古時鄉有鄉學，取致仕在鄉中的大夫為父師，致仕之士，為少師，在於學中，名為先生。鄉人每年入學，三年業成，必升於君，升時都在正月，先為飲酒之禮。二、尊賢。這就是漢代儒學大師鄭玄 (127–200) 所說的「大夫飲國中賢者」。三、運動。即鄭玄所謂「州長習射飲酒」，《禮記》所謂「卿大夫之射也，必先行鄉飲酒之禮」。四、祭祀。即鄭玄所謂「黨正蠟祭飲酒」，以禮屬民而飲酒於序。五、敬老。按《禮記》所述，鄉飲酒時，六十歲的人坐，五十歲者立侍，以明尊長；飲酒多少，也以年齡大小而定：六十歲三豆，八十歲五豆，九十歲六豆。六、貴爵。❸ 到了漢代，在郡國行鄉飲酒禮，「使黨政屬民」，定在十月舉行。明朝開國後，參照三代古制，每年舉行

---

❸ 鄧子琴，《中國禮俗學綱要》(南京，中國文化社，1947 年)，頁 92–93。

鄉飲禮，但儀從簡樸，「大都兼尚齒德爵位，而于賓興之典無相涉矣。」❹具體地說，洪武五年 (1372) 四月，詔天下行鄉飲酒禮。每年孟春、孟冬，有司與學官率士大夫中的老年人，在學校舉行。民間里社以百家為一會，由糧長或里長主持。年紀最大的為正賓，其餘以年齒大小排其順序。在飲酒的同時，還要讀律令，並兼讀刑部所編的申明戒諭書。同年，蘇州知府魏觀，為了「明教化、正風俗」，請者民周壽誼、楊茂、林文友行鄉飲酒禮。❹這次鄉飲禮十分隆重。據王彝〈鄉飲酒碑銘〉記載，周壽誼是崑山人，時年一百十歲，堪稱人瑞。他生在南宋末年，經歷了整個元朝，真可謂歷經滄桑。楊茂是吳縣人，九十二歲。他們雖已是高年，但「皆形充神完，行坐有禮」 ❹。洪武十六年 (1383)，又特頒行《鄉飲酒禮圖式》。其儀式是：以府州縣長吏為主，以鄉之致仕官有德行者為僎；擇年高有德者為賓，其次為介，又其次為三賓、眾賓，教職為司正。贊禮、贊引、讀律都挑選勝任其事者。洪武十八年 (1385)、二十二年 (1389) 都重定鄉飲酒禮，敘長幼、論賢良、別姦頑、異罪人，以善惡分列三等為坐次，不許混淆，凡是曾違條犯令之人，列於外坐，

---

❹黃宗羲，《明文海》，卷 120，頁 1195。

❹張廷玉等，《明史》，卷 140，頁 4002。

❹黃宗羲，《明文海》，卷 67，頁 601。按：據此碑記載，當時的蘇州知府是江夏人魏實，而非蒲圻人魏觀。此碑作者王彝參加了這次鄉飲禮，所作碑文當正確無誤，《明史》有誤也。

不准雜於良善之中。如有不遵序坐及有過之人不赴飲者，以違制論處。「如有過而為人訐發，即于席上擊去其齒，從桌下蛇行而出」❸真令人毛骨悚然！顯然，隨著明王朝封建統治的不斷強化，鄉飲酒禮也愈益政治化，融飲酒、儀禮、學校、處罰於一體。不言而喻，這種酒禮，本身就是封建專制統治的一個組成部分。

　　法久弊生，這是人類社會生活中的通病。鄉飲大賓成了時髦的頭銜，就必然成為人們追逐的對象。今天我們在明清家譜、傳記、墓碑、地券上，仍不時可見某些死者頭上戴著這無品無級，卻似乎閃閃發光的榮譽頭銜。1982 年春，我應邀去蘇北考察《水滸》作者施耐庵文物史料問題，在大豐縣，目睹了抄本《施氏家簿譜》，在該譜第十世施翊明的上邊，就有十分醒目的「明鄉飲大賓」的記載❹惟其如此，鄉飲禮很快就走了樣，成為走後門獵取的對象、闊老們把持的場所。隆慶時即有人揭露說：「邇年鄉飲，皆以請託行賄而得，故非高爵即富室也。」❺明末有人說：「鄉飲有不可與者三：請不從公則高士以為恥，偶非其類則賢者以為辱，酒不成禮則大賓以為慢。」❻

❸ 褚人穫，《堅瓠集》壬集，卷4，頁3。

❹ 此譜後來全文影印刊載於江蘇省社會科學院文學研究所編，《施耐庵研究》（南京，江蘇古籍出版社，1984 年）。

❺ 何良俊，《四友齋叢說》，卷 16，頁 143。

❻ 吳履震，《五茸志逸》，卷 3，頁 176。

從這番議論中，我們也不難看出鄉飲酒禮演變成不倫不類的端倪。

還值得一提的是，明朝的鄉飲酒禮，究竟吃些甚麼？喝些甚麼？所費幾何？這應當是人們感興趣的問題。萬曆前期，湖廣臨湘人沈榜在順天府宛平縣當知縣，他很留心政治、經濟、文化方面的掌故，大力搜集，與署中的檔冊文件一起，匯編成書，其中對鄉飲酒禮的化銷，作了詳細記載，為我們留下十分珍貴的資料。現摘要如下：

> 鄉飲酒禮，每年二次，除十月大興縣外，宛平縣該管正月分。相沿，上席六卓……每卓用豬肉八斤，銀一錢六分；羊肉八斤，銀一錢二分；牛肉八斤，銀一錢二分；大鵝一隻，銀二錢；鮮魚一尾，重五斤，銀一錢；糖饊餅三盤，共一千二百個，共銀三錢六分；糖果山二座，重三斤，銀一錢二分；荔枝一盤，重三斤八兩，銀一錢七分五厘；膠棗一盤，重十斤，銀一錢；核桃一盤，一百六十五個，銀六分六厘；栗子一盤，重八斤，銀一錢四厘；豆酒一罈，銀二錢；以上每卓該銀二兩，共銀一十二兩。上中席五卓……共銀六兩五錢。中席二十六卓……共銀一十六兩三錢八分。下席八卓……共銀二兩六錢四分。食卓四十五卓，每席價四錢，共銀一十八兩，包酒人戶領辦。各費不等……以上共鄉飲銀計用柒拾柒兩一錢五分。❹

這對宛平這樣的小縣來說，如此靡費，不能不是個可觀的負擔。鄉飲禮演變到清代，在很大程度上，成了吃吃喝喝的場所，道光二十三年 (1843) 後，鄉飲禮便被官方取消了。但是，它的歷史影響，是明顯存在的。正如有的學者所指出的那樣，「鄉飲酒之禮，集一鄉之人而開宴會，今所謂鄉黨親睦會懇親會者，是其遺意也。」[48] 直到現在，鄉人的宴飲，老年人仍很講究一套禮儀，其中的大部分，也是鄉飲禮的古風殘存。這就是所謂「禮失求諸野」了。

二、酒與節日

一年之中，四時八節，除了特殊窮苦者外，人們都要過節，而過節則多半離不開酒，從漢唐而至於明，直至近代，此點並無不同。其中影響最大的，莫過於春酒、端午酒、重陽酒。這方面，從宮廷到民間，也是大同小異。據劉若愚記載，明朝宮中「正月初一五更起，焚香放紙砲……飲椒柏酒」；「五月……初五日午時飲硃砂、雄黃、菖蒲酒」；「九月……九日重陽節……吃迎霜麻辣兔，飲菊花酒。」[49] 而江南的無錫，「五月……初五日家釀角黍以獻神，及先飲雄黃酒，削蒲葉為劍，插於門」；「七月，立秋日取西瓜和燒酒食之，以防瘧痢。」[50] 民俗以為

[47] 沈榜，《宛署雜記》（北京，北京古籍出版社，1980 年），卷 15，頁 170。

[48] 張亮采，《中國風俗史》（上海，上海三聯書店，1988 年），第一編，頁 29。

[49] 劉若愚，《酌中志》，卷 20，頁 1–7。

硃砂、雄黃可辟蛇、蜈蚣等百蟲，菖蒲則被視為斬鬼驅邪之劍，今日不少鄉間村民，仍有此俗。在明代文學作品中，描寫節日飲酒狀，不時可見。如：

> 其時五月端五日，支助拉得貴回家，吃雄黃酒。得貴道：「我不會吃酒，紅了臉時怕主母嗔罵。」支助道：「不會吃酒，且吃只粽子。」得貴跟支助家去，支助教渾家剝了一盤粽子、一碟糖、一碗肉、一碗鮮魚，兩雙筯，兩個酒杯，放在卓上。支助把酒壺便篩，得貴道：「我說過不吃酒，莫篩罷。」支助道：「吃杯雄黃酒應應時令，我這酒淡，不妨事。」得貴被央不過，只得吃了。(51)

值得我們注意的是，中國幅員遼闊，各地除了共同的節日外，還有些特殊的節日。這種節日也同樣離不開酒。如沈懋孝的〈雜記八條〉，就記載了「鮫人節」，文謂：

> 張豸巖兵部為余言，其邑中也有鮫人之室，室在深淵下。每清明市，人攜百貨、精品至水濱，戶戶設大筵高酒，歌吹甚盛。張錦幄，樹銀屏，如延上客也。日正中，鮫人二三輩從水中起……遂各進飲食焉。日將暮……坐水

(50)黃印，《錫金識小錄》，卷 1，頁 24–25。

(51)馮夢龍，《警世通言》，卷 34，頁 1466–1467。

崖上，大哭，美珠珊珊滴下，滿地圓走，眾隨手囊收
之……鮫人乃逝。㊾

「滄海月明珠有淚」，這是唐代大詩人李商隱 (812–858) 的名
句。不料清明鮫人亦有淚，誰只要獻給它們酒食，就能得到大
把的美珠。這真是「斯亦奇矣」！那麼，鮫人是甚麼模樣呢？沈
懋孝說，「帶劍，衣皮，唯額以上如魚頭。」實在也是怪模怪樣。

三、酒與祭祀

民間的婚喪嫁娶，自然都離不開酒；喪，包括葬禮、掃墓、
祭祀等。一般說來，明代的南方，由於經濟發達，生活遠比北
方奢華，喪禮、祭祀，靡費驚人。以浙江的掃墓來說，明末著
名文學家張岱在〈越俗掃墓〉的短文中，曾予記載，並加以抨擊：

越俗掃墓，男女袪服靚裝，畫船簫鼓，如杭州人遊湖，
厚人薄鬼，率以為常……雖監門小戶，男女必用兩坐船，
必巾，必鼓吹，必歡呼暢飲。下午必就其路之所近，遊
庵堂、寺院及士夫家花園……酒徒沾醉，必岸幘囂嚎，
唱無字曲，或舟中攘臂與儕列廝打。自二月朔至夏至，
填城溢國，日日如之。㊿

㊾黃宗羲，《明文海》，卷479，頁5152。
㊿張岱，《陶庵夢憶》，卷1，頁6。

如此掃墓，可謂醉翁之意不在鬼，他們的墓中先人如果地下有知，當會擲杯「長太息以掩涕兮」的吧！

四、以水代酒

常言道：君子之交淡如水。在某種特殊情況下，以茶代酒，以水代酒，均可保持禮節。宋朝詩人杜小山即有「寒夜客來茶當酒」的名句。明朝某士人以水當酒，為人祝壽的故事，更是被人廣為傳頌的佳話。有記載說：

> 一士人家貧，與其友上壽，無從得酒，乃持水一瓶稱觴曰：「君子之交淡如。」友應聲曰：「醉翁之意不在。」❺❹

這裡，客人、主人之間的一唱一和，情趣高雅，友誼深篤，真正是：休笑瓶中水，友情濃於酒。

當然，對於極個別慳吝鬼以水代酒的把戲，又當別論，只能嗤之以鼻。明朝有這樣一則故事：某人已經是夠吝嗇的了，還嫌不到家，特地去拜一位有名的慳吝「大師」學其術。所持拜見禮，是用紙剪的魚一條，水一瓶，便說是酒。剛巧「大師」外出，其妻便負責接待，收下禮物。為了表示謝意，她叫丫嬛拿出一個空碗，說：請用茶。又用兩手比劃成一個圓圈，說：

---

❺❹冰華生（江進之），《雪濤小書》（上海，國學珍本文庫本，1948年），頁104。

祀謝

竹枝詞

新絲繚繞
謝蠶神福
物堆盤酒
滿斟老小
一家齊下
拜紙錢便
把火來焚

▲敬天法祖酒（採自鄺璠《便民圖纂》）

請用餅。某人「享用」後，拜別。「大師」回來了，知道情況
後，還責怪其妻招待的過於豐厚，一邊說著，用手劃了個半圈，
說：只這半隻餅招待他就行了❺！如此行徑，其實已屬騙子伎
倆，互相騙來騙去，無酒自醉，真是無聊透頂。

---

❺冰華生（江進之），《雪濤小書》，頁 104。

第六節　酒與文學

一、酒　令

　　酒令起源甚早，大體說來，春秋戰國時已經產生。臺灣學者陳香說：「酒令是我們中華民族所獨創的，和我們的傳統文化氣息相關。酒令是我們中華民族所同好的，和我們的生活習俗緊密交融。」❺❻所言甚是。酒令的形式紛繁複雜，內容也是異彩紛陳，形成的專書即有《令圃芝蘭》、《庭萱譜》、《小酒令》等，限於篇幅，這裡不擬詳論。綜觀明代酒令，與前代的酒令一樣，不僅富有文學色彩，而且充滿人文氣息；從明朝的酒令中，我們往往能窺知當日世風民情，雖然飲酒行令，主要目的不過是助酒興，增加歡樂氣氛。何良俊曾謂：

> 飲酒亦古人所重。《詩》曰：「既立之監，復佐之史。」漢劉章請以軍法行酒，唐飲酒則有觥錄事。今世既設令官，又請一人監令，正詩人復佐之史之意也。❺❼

如此看來，明代行酒令時，是一本正經的。但實際上，也並非

---

❺❻陳香，《酒令》（臺北，國家出版社，1983 年），頁 13。
❺❼何良俊，《四友齋叢說》，卷 33，頁 298。

完全如此。行酒令常常離不開酒籌。此物也很古老。唐朝人的詩中即曾描繪「城頭稚子傳花枝，席上搏拳握松子」，分明寫的是吃酒時催花猜拳。古人飲酒時，用牙製成籌，長五寸，籌頭刻鶴形，稱做「六鶴齊飛」，籍以行令；明代行酒令的牙籌，大致與古人同。

擊鼓催花令，在明代的文人圈裡，是很盛行的。李東陽在一次飲席上，曾用此令戲成七律一首：「擊鼓當筵四座驚，花枝落繹往來輕。鼓翻急雨山頭腳，花鬧狂蜂葉底聲。上苑枯榮元有數，東風去住本無情。未誇刻燭多才思，一遍須教八韻成。」❺❽第三、第四兩句，描寫擊鼓催花的情景，極為傳神。

萬曆時的田藝蘅也愛好酒令。某次，他與幾位騷人墨客在中秋節邊飲酒，邊賞月，並有一位叫玉蟾的妓女陪席。忽然有輕雲遮住了月亮，田藝蘅便作四聲令「雲掩皓月」，以羽觴飛巡，並不斷輕擊酒缸，以四聲為韻催之，如不按韻，罰酒一杯，如不成句，罰酒四杯。結果，隨著羽觴的飛傳，在陣陣酒缸聲中，在座的客人有的說「天朗氣烈」，有的說「秋爽興發」，也有的說「蟾皎桂馥」、「風冷露潔」、「情美醉極」等，因限於四聲，不許有一字重複，此令的難度是很大的。所幸坐客均為文士，並有捷才，所以能很快地唸出上述種種四句酒令來。但最為難得的，還是玉蟾，她開口不離本行，唸道：「行酒唱曲」，

---

❺❽褚人穫，《堅瓠集》，庚集，卷3，頁11。

雖是日常口語，但按韻合調，無怪乎田藝蘅等盛贊她「不孤雅會，可謂俊姬」了❺❾。

　　酒令貴乎自然，前提是必需有很好的文化素養，弄不好，就會貽人笑柄。萬曆時有個叫王文卿的人，其父是貢士，其叔是舉人。可惜父早死，他便失學了。古詩有云：「月移花影上欄干」。文卿對這句詩半懂不懂，模模糊糊。有次偶而參加一位姓邢的太史舉辦的宴會，行酒令時，要求說一物，包含在一句詩中。他竟唸道：「醃魚花影上欄干」，引起舉座大笑。席上有客人說：這個令太難了，沒法子接下去，罰酒吧。邢太史卻胸有成竹地說：「我看不難。」遂端起酒杯說：「鸚哥竹院逢僧話」。這裡，太史把古詩「因過竹院逢僧話」中的「因過」，改成「鸚哥」，不僅諧音，還與「醃魚」對仗，真是一位削足適履的高手。當然，據載王文卿「俠氣翩翩，親朋皆稱好人」❻⓪，不會因在此次酒令中鬧了大笑話，就低人一頭。

　　好的酒令，幽默詼諧，讀來令人捧腹。萬曆時著名小品文作家袁宏道（字中郎，1568-1610）在蘇州做官時，有位孝廉從江右來看他任部郎之職的弟弟，與宏道有同年之誼，宏道特地僱了一條遊船，備了酒席，款待來客，並請了縣令江盈科（字進之，號篘蘿山人）同飲。遊船在綠水中緩緩行駛，宏道等頻頻舉杯，酒興正濃。客人請主人發一酒令助興，宏道見船頭擺

❺❾ 田藝蘅，《留青日札》，卷 25，頁 831。

❻⓪ 周暉，《二續金陵瑣事》，頁 1035-1036。

著水桶，頓有所悟，便說：酒令要說一物，並暗合一位親戚的稱呼，以及與官銜符合。緊接著便手指水桶唸道：「此水桶非水桶，乃是木員外的箍箍（諧音哥哥）。」他指的是孝廉乃部郎之兄。這位孝廉見一船工手拿苕帚，便說：「此苕帚非苕帚，乃是竹編修的掃掃（諧音嫂嫂）。」這時袁宏道的哥哥宗道（字伯修，1560–1600）、弟弟中道（字小修，1570–1626）都擔任編修。江盈科正在沉思間，忽然看到岸上有人在捆稻草，便立即唸道：「此稻草非稻草，乃是柴把總的束束（諧音叔叔）。」這是隱射這位孝廉本來曾在軍中效力，其族子某現在是武弁。於是三人相顧大笑(61)。相傳明代還有拿姓名互相開玩笑的酒令。張更生、李千里二人同飲相謔，李千里先說酒令道：「古有劉更生，今有張更生，手中一本《金剛經》，不知是胎生？是卵生？是濕生？化生？」張更生則反唇相譏，說令道：「古有趙千里，今有李千里，手中一本《刑法志》，不知是二千里？是二千五百里？是三千里？」(62)張、李二人，也堪稱是善謔者矣！

在明朝人的宴席上，有時以俗語作對，也不失為是有趣的酒令。有位布政使做官忠於職守，不求引薦，因此也就得不到提拔。按照慣例，他進京朝見皇帝後，就要返回任所。他的同鄉為一位侍郎設宴餞行，同一個部的人，都來會飲，這位應邀也赴宴的布政使，就成了唯一的客人。飲酒間，席上有人見到

---

(61) 褚人穫，《堅瓠集》，雜集，卷 6，頁 13。

(62) 俞敦培，《酒令叢鈔》（光緒四年刻本），卷 2，〈雅令〉，頁 39。

此況，便開玩笑地出了一句上聯「客少主人多」，要同飲者對下聯。眾人還未來得及開口，這位布政使卻沖口而出：「某有一對，諸大人幸勿見罪。」唸道：「天高皇帝遠。」舉座聞之愕然❻❸。顯然，他對的下聯，是舒憤懣，發牢騷。以他的政治身分，在京師這樣的場合，竟說出這樣的話，難怪使別人吃驚了。像這樣以俗語作對，涉及酒的，還有不少，諸如「酒肉兄弟，柴米夫妻」「將酒勸人，賠錢養漢」「茶弗來，酒弗來，那得山歌唱出來；爺在裡，娘在裡，搓條麻繩縛在裡」等，流行於明代，俱稱絕對。

常言道：不平則鳴。從明朝的某些酒令中，我們可以感受到不平者的心聲。景泰時的陳詢，字汝同，松江人，任國子監祭酒❻❹。陳詢善飲酒，酒酣耳熱，胸中有不平事，經常對客人一吐為快。誰有過錯，他當面指出，決不放過。在翰林院時，曾經因得罪權貴，外放到安陸任知州。行前，同僚設宴餞別。席上有人建議行酒令，各用兩個字分合，以韻相協，以詩書一句作結。座間陳循學士唸道：「轟字三個車，余斗字成斜。車車車，遠上寒山石徑斜。」高谷學士接著說：「品字三個口，水酉字成酒。口口口，勸君更盡一杯酒。」陳詢唸的卻是：「矗字三個直，黑出字成黜。直直直，焉往而不三黜。」❻❺陳詢為人耿

---

❻❸ 馮夢龍，《古今笑史》，〈談資部第二九〉，頁500。

❻❹ 張廷玉等，《明史》，卷163，〈劉鉉傳〉，頁4426。

❻❺ 陸容，《菽園雜記》，卷6，頁76。

直，不會吹牛拍馬，不為五斗米折腰，故在官場起而復踣，很不得意。「直直直，焉往而不三黜」，不僅是夫子自道，也堪稱道盡了古今行直道而不走歪門邪道，卻屢遭打擊的耿介之士的憤懣。

在中國封建社會中，官民是對立的。民諺「三年清知府，十萬雪花銀」，深刻地揭露了封建社會幾乎無官不貪的本質。這在酒令中也有所反映。嘉靖時的學者郎瑛，某次與群士會飲，席間有人倡議以盜竊之事作對聯，算是行酒令，並帶頭先說：「發塚」可對「窩家」。接著有人說：「白晝搶奪」可對「昏夜私奔」。眾人都說：「私奔，非盜也。」此人卻辯解說：「這雖然名目上有些不倫不類，但仔細想想，私奔的原因不是偷了私情又是甚麼？」這自然是詭辯。又有一人說：「打地洞」可對「開天窗」。眾人又說：「開天窗，絕不是強盜幹的勾當。」此人笑著解釋說：「今天搜刮錢財的人，為首的又私自侵吞，這種開天窗的行徑，與強盜又有甚麼兩樣？」眾人哄堂大笑。又有一位說：「還有更好的對子呢，例如『三櫓船』正好對『四人轎』。」眾人聽了不解，正在思索時，此人說：「三櫓船固然載強盜，而四人大轎所抬的，不正是大盜嗎？」眾人更加大笑不止。在座的剛好有坐四人大轎的官老爺，聽了當然不高興。幸好郎瑛從中轉圜，才不至於有損席間行此獨特酒令的歡樂氣氛❻。這裡

❻ 郎瑛，《七修類稿》，卷下，〈奇謔類〉，頁189。

的「開天窗」和「四轎所抬」云云，對頭戴烏紗帽，身穿官服的大盜，作了辛辣的嘲諷。由此看來，不要以為酒令純屬消遣之物，其中也不乏具有進步思想內容的佳作。歸根結底，酒令也是社會生活的反映：有歡樂，有憤怒，也有悲哀。

值得指出的是，明朝江南常熟吃酒行令，未免過於嚴肅認真，罰酒苛刻，使飲者如臨深淵，簡直成了災難。嘉靖時吳縣文人楊循吉 (1458-1546) 在《蘇談》中曾記載，「常熟酒令，至為嚴酷。」執令者如果發現誰杯中未飲盡，那怕只有一滴，就要罰你飲一杯，如果有四滴酒，則要飲滿四杯。飲者都對執令的酒錄事唯命是從，不敢不喝。另外，飲酒的規矩又特別多，例如倘說話不檢點，舉飲不如法，都要罰你飲酒，如被罰者辯解，就給你扣上擾亂酒令官的大帽子，罰滿飲一大杯，倘再犯了規矩，則再罰，那怕是已被罰了十次，飲了十杯，也絕不寬恕。酒令官開始飲酒時，端起酒杯說：就照這個樣子喝酒，才算合法。但當飲酒的人照他的樣舉杯子飲酒，他又大喝一聲，說你這種喝法不合法，罰你的酒。無怪乎楊循吉對此評論說：「其為深刻慘酷，殆杯勺中商君（按：即法家商鞅）矣。」酒席上居然冒出如此刻薄寡恩的法家，是如此冷酷、不近情理，不知還要這樣的酒令官幹甚麼？這樣彆扭不痛快的酒，又有甚麼喝頭？真讓人費解。中國太大了！有些地方文化的怪異之處，讓人琢磨不透。所幸幾百年過去，而今的常熟，別說這樣的行酒令法，早已煙消雲散，而且恐怕常熟很少有人知道，其老祖

宗曾經有過那樣堪稱咄咄怪事的行酒令之法。猶憶 1981 年秋，我去常熟訪書，承蒙張大千先生的高足、著名畫家曹大鎮先生在一家酒樓設宴款待。遙望窗外，虞山如畫，主人好客，頻頻舉杯勸飲，但我們喝的是啤酒，即使飲滿數大杯，也無所謂。當時想起常熟古代的行酒令怪俗，不禁暗自好笑也。

在明朝酒令中，馮夢龍 (1574–1646) 和友輩夜飲，以《四書》句配藥名為令，堪稱奇絕：

「三宿而出晝」：王不留行。「管仲不死」：獨活。「曾皙死」：苦曾。「天之高也」：空清。「吾黨之小子狂簡」：當歸。「褅誾草創之」：薰本。「出三日」：肉從容。「居其所而眾星拱之」：天南星。「七八月之間旱」：半夏。「小人之德草」：隨風子。「舟車所至」：木通。「以正不行，繼之以怒」：苟子。「孩提之童」：乳香。「興滅國，繼絕世」：續斷。「若決江河」：澤瀉。「亡之命矣夫」：沒藥。「楚狂接輿歌而過孔子」：車前子。「有寒疾」：防風。「涅而不淄」：人中白。「胸中正」：決明子。「桃之夭夭」：紅花。「邦無道則可卷而懷之」：蟬脫。「夫人幼而學之」：遠志。❻⓻

---

❻⓻ 馮夢龍，《明清民歌時調集》（上海，上海古籍出版社，1986 年），上冊，頁 102–103。

只有對《四書》爛熟，並精通中藥者，才能作出這樣典雅俏麗、天衣無縫的酒令，今人只能嘆為觀止，望塵莫及了。

二、酒對聯、駢語

豪華的酒館中，掛有對聯。在明朝的此類對聯中，最令人刮目相看的，應當是正德時皇家所開酒館的聯語。在明代皇帝中，最愛想入非非的，莫過於正德皇帝。正德十一年 (1516) 冬，他準備在京城西邊開設酒館。刑科給事中齊之鸞 (1483-1534) 不以為然，上疏說：「近聞有花酒舖之設，或云車駕將臨幸，或云朝廷收其息。陛下貴為天子，富有四海，乃至競錐刀之利，如倡優館舍乎？」❻❽齊之鸞的這番話，也不過是傳統的抑商老調的重彈，正德皇帝自然認為他說的全是廢話，酒館還是如期開張了。據徐充《暖姝由筆》記載，酒館的酒望上大書「本店發賣四時荷花高酒」，而兩隻匾上則寫的是：「天下第一酒館」「四時應飢食店」。這不失為是具有獨特風彩的對聯，其獨特之處，就在於皇帝老兒自封為「天下第一酒館」，九五之尊的嘴臉，在酒匾上昭然若揭，咄咄逼人。

王世貞曾編過一本按事物分類，洋洋大觀的駢文。其中酒的駢文，雖然只有一百多字，但充滿典故，並一一注出，不僅有可讀性，更富於學術性，使我們增加不少知識。現按原文格

---

❻❽張廷玉等，《明史》，卷 208，〈齊之鸞傳〉，頁 5489。

式，摘引部分，以見一斑：

周辨三酒之物，《周禮》云：酒正掌酒之政令，以式法辨
三酒之物，一曰事酒，二曰昔酒，三曰清酒。**漢作九醖
之名**。《西京雜記》：漢制以正月旦造酒，八月成，名曰
酒醖。**研窮苦酸，能識高昌之貢**；《梁四公紀》曰：高昌
遣使進葡萄乾凍酒，帝命杰公迓之，公謂使者曰：葡萄
七四，涔林三是，無半凍酒，非入風谷所凍者，又無高
寧酒和之。帝問：何人以之？對曰：蒲萄、涔林者，皮
薄味美，無半者皮厚味苦，酒是入風谷凍成者，終年不
壞。今嗅其氣酸，高寧酒滑而先淺，故知耳。**變易厚薄，
迺速邯鄲之圍**。《淮南子》曰：楚會諸侯，魯趙皆獻酒于
楚王，主酒吏求酒于趙，趙不與，吏怒，乃以趙厚酒易
魯薄者奏之，楚王以趙酒薄，遂圍邯鄲，故曰「魯酒薄
而邯鄲圍」。**荷鍤甘贈于醉侯**，《晉書》曰：劉伶常乘鹿
車，攜一壺酒，使人荷鍤隨身曰：死便埋我，其遺形如
此。**據鞍自適于歡伯**。《宋書》曰：顏延之好騎馬，遨遊
里巷，遇舊知，輒據鞍索酒，得必傾盡，欣然自得。**下
車獨酌，元忠激神武之迎**；《後魏書》曰：李元忠拜南趙
郡太守，後棄官潛圖義舉，會齊神武東出魏，乘露車載
宿酒以迎。神武聞其酒客，未之見。元忠下車獨酌，謂
門者曰：本言公招延雋杰，今聞國士到門，不能吐哺輟

洗，其人可知，還吾刺，勿復通也。門者以告，神武遽
見之。降堦跪言，崔暹堪華林之勸。《後魏書》：晉帝晏
華林園，謂神武曰：自頃百司貪暴，朝廷有公直彈劾無
避者，王可勸酒。神武降堦跪言，惟御史中尉崔暹一人，
謹奉明旨，敢以勸酒。……西階挺進，深鄙次公之酒
狂；……後苑聞歌，終慙丞相之迭和。……三雅傳于劉
表，百榼聞于仲由。……鳴歌仰天，每譏楊惲之狹；……
陽醉遍地，常陋王式之偏。……平原千鍾，子高面折以
道德；淳于一石，齊王感悟于箴規。……魏后禁嚴，迺
有聖人賢人之號；……敬仲節樂，遂興晝卜夜卜之
辭。……陳孟公宴渥滿堂，留賓投轄；……華子魚號為
獨坐，劇飲整衣。……沈炯寧靜于獨坐之謠……庾闡窒
慾于斷酒之誡。[69]

三、酒與戲曲

在明代豐富多彩的戲曲作品中，幾乎無一不涉及酒。酒本
來就是人生悲歡離合的添加劑或佐料。高明的劇作家，常常根
據劇情需要描繪酒，或藉酒抒情，或烘雲托月，給我們留下了
飲酒佳篇，甚至是千古絕唱。李開先的《寶劍記》第五齣，生
動地刻畫了狗仗人勢、狐假虎威、兼酒鬼與色鬼一身的權奸高

---

[69] 王世貞，《駢語雕龍》（寶顏堂秘笈本），卷1，頁11–12。

佚之姪高朋的醜惡形象：

> 〔水底魚兒〕（淨上唱）子弟家風，半生花酒中。幫閒走
> 空，只為一囊空。……（小外上唱）〔駿甲馬引〕有酒且
> 圖今日醉，莫管他年興廢。富貴榮華，生前修積，若不
> 及早歡樂是呆痴。（白）酒滿金罇花滿枝，人生莫負少年
> 時。罇前有酒須當醉，老去攀花悔後遲……〔皂羅袍〕
> 自想桃源無路，串妓館把酒攜壺，花邊醉倒玉人扶，樽
> 前笑指紅裙舞。（合）朱顏易改，白頭甚速，有花須折，
> 無酒且沽，錦堂風月休辜負……半生酒困並花迷，花酒
> 從來惹是非。正是酒淹衫袖濕，果然花壓帽簷低。❼⓿

而寫林沖在大風雪之夜，飢寒交迫，去前村沽酒的情景，則悲
壯蒼涼，令人對受盡高俅迫害的林沖，寄予無限的同情：

> 〔駐馬聽〕寒夜無茶，走向前村覓酒家。這雪輕飄僧舍，
> 密瀧歌樓，遙阻歸槎。江邊乘興探梅花，堂中歡賞燒銀
> 蠟。一望無涯，有似灞橋柳絮，漫天飛下。（白）這雪一
> 發大了。雖然是國家祥瑞，好了富貴人家，紅爐暖閣，
> 歌兒舞女；至于在家之人，偎妻抱子受用；怎生知道俺

---

❼⓿ 李開先，《李開先集》，下冊，頁 760–761。

在外當差的苦楚……（唱）〔前腔〕四海無家，回首鄉園
道路遐。這雪輕如柳絮，細似鵝毛，白勝梨花。山前曲
徑更添滑，村中魯酒偏增價。纍墜天花，壙平溝滿，令
人驚訝。❼

　　傑出的戲劇家湯顯祖 (1550–1616) 在其名著《牡丹亭》中，
有很多關於酒的精彩描寫。在〈勸農〉一齣中，描寫南安太守
杜寶攜帶花酒，來到鄉間勸農的情景，令人陶醉：時正陽春三
月，和風萬里，太守為人謙和，村民勤勞淳樸，在鵝黃嫩柳迎
鳳舞、紅杏枝頭春意鬧的大好春光裡，行著勸農的古禮，氣氛
是那樣的熱烈、和諧：

　　〔普賢歌〕（丑、老旦扮公人，扛酒提花上）俺天生的快
手賊無過。衙舍裡消消沒的睃，扛酒去前坡。（做跌介）
幾乎破了哥，摔破了花花你賴不的我。（生、末）列位祇
候哥到來。（老旦、丑）便是這酒埕子漏了，則怕酒少，
煩老官兒遮蓋些。（生、末）不妨。且攛過一邊，村務
（按：即鄉村酒店）裡嗑酒去。（老旦、丑下）（生、末）
地方端正坐椅，太爺到來。（虛下）
　　〔排歌〕（外引眾上）紅杏深花，菖蒲淺芽。春疇漸曖年

---

❼李開先，《李開先集》，下冊，頁 812。

華。竹籬茅舍酒旗兒叉，雨過炊煙一縷斜……（外）父
老，知我春遊之意乎？

〔八聲甘州〕平原麥瀧，翠波搖翦翦，綠疇如畫。如酥
嫩雨，遠塍春色蘸葚。趁江南土疏田脈佳。怕人戶們拋荒
力不加……（內歌〈泥滑喇〉介）（外）前村田歌可聽。
〔孝白歌〕（淨扮田夫上）泥滑喇，腳支沙，短耙長犂滑
律的拏。夜雨撒菰麻，天晴出糞渣，香風餂鮓。（外）歌
的好……與他插花賞酒。（淨插花賞酒，笑介）好老爺，
好酒。（合）　官裡醉流霞，風前笑插花，把農夫們俊
煞。❼❷

四、酒與小說

明朝人的小說，與酒更是結下不解之緣。以古典名著《水
滸》來說，它的作者與成書過程，是個聚訟紛紜的問題。筆者
認為，不管此書是否是由施耐庵最後加工定稿總其成，其中的
若干故事，明顯地反映了明朝社會生活的某些側面，包括飲酒
風尚。試想，如果沒有酒的描繪，梁山好漢的聚義廳，恐怕就
要黯然失色，而膾炙人口的武松喝了十八碗酒後在景陽崗上打
虎的故事，以及醉打蔣門神的佳話，和花和尚魯智深的醉打山
門等等，就無從談起了。可以毫不誇張地說，對明人小說中的

---

❼❷湯顯祖，《牡丹亭》（北京，人民文學出版社，1982 年），頁 32–33。

英雄豪傑來說，酒就是他們的膽，也是他們真正的心肝。如果沒有酒的蒸騰、生發，這些叱咤風雲的江湖好漢，也就難以演出一幕幕威武雄壯，甚至是驚天動地的活劇。

明朝的某些小說，對於酒鬼有維妙維肖的刻畫，並通過對其悲劇結局的揭示，諷時警世，告誡人們酗酒的危害性。如《醒世恆言》的〈李玉英獄中訟冤〉，作者諷刺貪杯的焦榕兄妹：「原來他兄妹都與酒甕同年，吃殺不醉的。」❼❸令人忍俊不禁。同書的〈盧太學詩酒傲王侯〉，則塑造了一個其才比曹植 (192–232)、李白相差十萬八千里，卻被一些人盲目吹捧為「李青蓮再世，曹子建後身」的所謂才子盧柟，「一生好酒」「放達不羈」「輕財傲物」，實在是個狂妄透頂的人，結果得罪知縣，橫遭冤獄之災，坐了十幾年大牢，九死一生。他僥倖活著走出黑牢的大門後，仍依然故我，我行我素，「益放手詩酒；家事漸漸淪落，絕不為意。」最後，把一個鋪錦蓋繡、花團錦簇的家，弄得完全敗落，赤貧如洗。小說的作者借用他人的口吻說：「後人又有一詩警戒文人，莫學盧公以傲取禍。詩曰：酒癖詩狂傲骨兼，高人每得俗人嫌。勸人休蹈盧公轍，凡事還須學謹謙。」❼❹同書的〈蔡瑞虹忍辱報仇〉，更用血淋淋的事實，向我們展現了「蔡酒鬼」葬身魚腹，家破人亡，其女瑞虹受盡人間屈辱的悲慘故事：宣德年間的淮安府淮安衛指揮蔡武，「家資富厚，婢僕

---

❼❸ 馮夢龍，《醒世恆言》，下冊，卷27，頁562。

❼❹ 馮夢龍，《醒世恆言》，下冊，卷29，頁597–625。

頗多。平昔別無所好，偏愛的是杯中之物，若一見了酒，連性命也不相顧，人都叫他做『蔡酒鬼』。」因此被罷官在家。其夫人田氏也善飲，與其說是女酒星，倒不如說是女酒鬼，與蔡武夫飲婦陪，「日夕沉湎」酒中。後來幸得兵部尚書趙貴的提拔，特陞他擔任湖廣荊襄等處游擊將軍，行前，瑞虹小姐苦苦勸他戒酒，以免上任後誤事，蔡武竟然說出這樣的「口號」來：

老夫性與命，全靠水邊酉。寧可不吃飯，豈可不飲酒。
今聽汝忠言，節飲知謹守。每常十遍飲，今番一加九。
每常飲十升，今番只一斗。每常一氣吞，今番分兩口。
每常座上飲，今番地下走。每常到三更，今番一更後。
再要裁減時，性命不值狗。

好個「再要裁減時，性命不值狗」！嗜酒勝過性命，頑固不化的結果，導致他在赴任的舟行之際，仍然日日縱酒，被一伙歹徒綁起，活活地扔進了滾滾東去的大江。一家人除瑞虹外，統統死於非命！酒之為禍，可謂酷矣！小說作者在這回書的開頭，引了一首調寄〈西江月〉的詞，謂：

酒可陶情適性，兼能解悶消愁。三杯五盞樂悠悠，痛飲翻能損壽。謹厚化成凶險，精明變作昏流。禹疎儀狄豈無由，狂藥使人多咎。❼❺

這對縱酒者來說，不失為是金玉良言。

　　從文化史，特別是明朝酒文化的角度來說，明人小說中關於酒的種種描繪，更具有重要價值。在明朝的正史中，很少有酒的記載。今天，我們要想窺知明朝酒文化的全豹，只能從野史、文集、筆記中沙裡淘金，檢出有關史實，然後進行綜合、分析。儘管如此，仍然常常苦於文獻不足徵，而明人小說的有關記載，剛好起到補苴甚至填空白的作用。在明朝小說中，沒有一部能夠比得上《金瓶梅》，那樣詳細、生動地將古代酒文化的風貌，展現在我們的面前。

　　《金瓶梅》中記載的酒名有南燒酒、蔴姑酒、菊花酒、浙酒、豆酒、荷花酒、白泥頭酒、竹葉清酒、金華酒、黃酒、甜金華酒、葡萄酒、雙料茉莉酒、窩兒酒、藥五香酒、木樨荷花酒、河清酒、滋陰摔白酒、橄欖酒、雄黃酒等。在白泥頭酒上，「貼著紅紙帖兒」❼，這種風尚，一直延續到近代；竹葉清酒，是宦官送給西門慶的禮品❼，是佳釀；從劉太監送給西門慶的「自造內酒」❼看來，明朝的某些宦官，確實是精於釀酒技術的；「菊花酒……打開碧靛清，噴鼻香，未曾篩，先攪一瓶涼水，以去其蓼辣之性，然後貯於布甕內，篩出來，醇厚好

❼ 馮夢龍，《醒世恆言》，下冊，卷36，頁 758–782。

❼ 蘭陵笑笑生，《金瓶梅詞話》，第三冊，頁 994。

❼ 蘭陵笑笑生，《金瓶梅詞話》，第三冊，頁 996。

❼ 蘭陵笑笑生，《金瓶梅詞話》，第五冊，頁 2301。

吃。」⑲據此可知，明朝人對某些酒的具體吃法；而更使我們大開眼界的是，《金瓶梅》中有大量的飲酒場面的描述，透過這些描述，使我們看到了酒文化的種種情景。

請看西門慶宴請蔡御史、宋御史的酒席：

> 當下蔡御史讓宋御史居左，他自在右，西門慶垂首相陪。茶湯獻罷，堦下簫韶盈耳，鼓樂喧闐，動起樂來。西門慶遞酒安席已畢，下邊呈獻割道，說不盡餚列珍羞，湯陳桃浪，酒泛金波。端的歌舞聲容，食前方丈。西門慶知道手下跟從人多，堦下兩位轎上跟從人，每位五十瓶酒，五百點心，一百斤熟肉，都領下去。家人吏書門子人等，另在廂房中管待，不必用說。當日西門慶這席酒，也費勾千兩金銀。⑳

一次酒宴，竟耗費如此之多！而當時一個小女孩，才不過賣五、六兩銀子㉑。真是「朱門酒肉臭，路有凍死骨」。

從《金瓶梅》的描寫來看，明朝人的侑酒方式，是多種多樣的。除了傳統的以娼妓、歌女陪酒外，擲骰賭酒㉒，方便而

---

⑲ 蘭陵笑笑生，《金瓶梅詞話》，第四冊，頁 1690。
⑳ 蘭陵笑笑生，《金瓶梅詞話》，第三冊，頁 1278–1279。
㉑ 蘭陵笑笑生，《金瓶梅詞話》，第一冊，頁 239。
㉒ 蘭陵笑笑生，《金瓶梅詞話》，第三冊，頁 63。

又熱鬧。更引人注目的，是或與擲骰猜枚結合，或與唱曲結合的酒令❽，以及酒令的或典雅，或通俗，或雅俗共賞，真是多采多姿。

試看第六〇回「李瓶兒因氣惹病，西門慶立段舖開張」中的酒令：

> 吳大舅拿起骰盆兒來，說道：列位，我行一令，說差了，罰酒一杯。先用一骰，後用兩骰，過點飲酒。
>
> > 一百萬軍中捲白旗，
> >
> > 二天下豪傑少人知，
> >
> > 三秦王斬了余元帥。
> >
> > 四罵得將軍無馬騎……
> >
> > 九一九好藥無人點，
> >
> > 十千載終須一撇離。
>
> 吳大舅擲畢，遇有兩點飲過酒，該沈姨夫起令。說道用一骰六擲，過點飲酒。說道……該應伯爵行令，伯爵道：我在下一個字也不識，行個急口令兒罷：
>
> > 一個急急腳腳的老小，左手拿著一個黃豆巴斗，右手拿著一條棉花叉口，望前只管跑走。撞著一個黃白花狗，咬著那棉花叉口。那急急腳腳的老

---

❽蘭陵笑笑生，《金瓶梅詞話》，第二冊，頁568、938。

　　小，放下那左手提的那黃豆巴斗，走向前去打黃

　　白花狗，不知手鬪過那狗，狗鬪過那手。

……謝希大道：我這令兒，比他更妙，說不過來，罰一鍾：

　　牆上一片破瓦，牆下一疋騾馬。落下破瓦，打著

　　騾馬，不知是那破瓦，打傷騾馬，不知是那騾馬，

　　踏碎了破瓦。[84]

　　顯然，明朝人行的酒令，並不刻板，古今雜陳，形式多變，
如果有誰臨場時胸無點墨，說一段拗口令，也能博得舉座同歡。

五、酒與詩歌

　　明朝詩人中，鮮有不飲酒者。雖然他們跟唐朝的酒仙李白
相比，自是無法比擬，不可能「斗酒詩百篇」；但是，一些著名
詩人，幾乎無一不是善飲者，常常是終日詩酒流連。以至今仍
然幾乎是婦孺皆知的蘇州才子、詩人祝允明（號枝山，1461–
1527）、唐寅（字伯虎，一字子畏，1470–1524）而論，允明
「九歲能詩。稍長，博覽群集，文章有奇氣……尤工書法，名
動海內。好酒色六博……有所入，輒召客豪飲……所著有詩文
集六十卷，他雜著百餘卷」[85]。而唐寅更是「與里狂生張靈縱
酒……寧王宸濠厚幣聘之，寅察其有異志，佯狂使酒，露其醜

---

[84] 蘭陵笑笑生，《金瓶梅詞話》，第四冊，頁 1651–1653。

[85] 張廷玉等，《明史》，卷 268，〈祝允明傳〉，頁 7352。

穢，宸濠不能堪，放還。築室桃花塢，與客日般飲其中」❽⑥。
唐寅的〈進酒歌〉，顯然是步李白〈將進酒〉的風流餘韻，在醉
眼矇矓中，感嘆著人生無常，來日苦短，視功名富貴如浮雲、
敝帚，洋溢著浪漫主義的激情：

> 吾生莫放金巨羅，請君聽我進酒歌：為樂須當少壯日，
> 老去蕭蕭空奈何？朱顏零落不復再，白頭愛酒心徒在；
> 昨日今朝一夢間，春花秋月寧相待？洞庭秋色盡可沽，
> 吳姬十五笑當壚；翠鈿珠絡為誰好，喚客那問錢有無？
> 畫樓朱閣臨朱陌，上有風光消未得；扇底歌喉窈窕聞，
> 尊前舞態輕盈出。舞態歌喉各盡情，嬌痴索贈相逢行；
> 典衣不惜重酩酊，日落月出天未明。君不見劉生荷鍤真
> 落魄，千日之醉亦不惡；又不見畢君撲浮在酒池，蟹螯
> 酒盃兩手持。勸君一飲盡百斗，富貴文章我何有？空使
> 今人羨古人，總得浮名不如酒。❽⑦

雖然，唐寅曾對朋友說過：「吾性嗜酒，必飲而後作詩」❽⑧，但
他並非嗜酒如命的酒鬼。在〈花酒〉這首詩中，他還告誡人們

---

❽⑥ 張廷玉等，《明史》，卷 268，〈唐寅傳〉，頁 7352–7253。

❽⑦ 唐寅，《唐伯虎全集》（北京，中國書店影印大道書局印本，1985 年），卷
  1，頁 20–21。

❽⑧ 唐寅，〈唐伯虎軼事〉。引自《蕉窗雜錄》，卷 2。

勿貪酒色：

> 戒爾無貪酒與花，才貪花酒便忘家；
> 多因酒浸花心動，大抵花迷酒性斜。
> 酒後看花情不見，花前酌酒興無涯；
> 酒闌花謝黃金盡，花不留人酒不賒。❽❾

事實上，明朝人一些諷諭貪杯者的詩，頗不乏上乘之作。嘉靖時常熟人周岐鳳縱情詩酒，自號「江湖風月神仙」，在僧寺道院廝混，後為人所誣，被官府通緝，東躲西藏，無人敢於接待。他去投奔常熟的大鄉紳錢永輝，錢送他一首詩；此詩頗有情致：

> 聞說多才命未逢，年來無處覓行踪。
> 一身作客如張儉，四海何人似孔融。
> 野寺鶯花春對酒，河陽風雨夜推篷。
> 機心盡付東流水，回首家鄉似夢中。❾❾

萬曆時著名作家薛論道寫的〈桂枝香·嘲酒徒〉，不啻是對酒徒的當頭棒喝：

---

❽❾ 唐寅，《唐伯虎全集》，卷2，頁22。
❾❾ 余永麟，《北窗瑣語》，頁2。

狂瘵酒病，石堅鐵硬。狂瘵大藥難醫，酒病靈丹不應。
兩般兒送人，危身系命。黃湯壯膽，青州敗名。昨朝無
愧今朝愧，醉後不驚醒後驚。❾❶

在另一首〈沉醉東風·秀才貪酒〉中，同樣指出了貪酒的危害性：

一醉酒天寬地窄，一醉酒惹禍招災，一醉酒學問疏，一
醉酒聰明壞，把文章送入陽臺。不念青春不再來，及回
頭黃金怎買？❾❷

明代浙中舉子張子興（杰）的〈中酒詩〉，寫自己醉後的感
覺，不但情真意切，並能情景交融，給人以特殊的美的享受，
遠遠超過前人同類題材中的作品，不失為是酒文學中的珍品：

一枕春寒擁翠裘，試呼侍女為扶頭。
身如司馬原非病，情比江淹不是愁。
舊隸步兵今作敵，故交從事卻成讎。
淹淹細憶宵來事，記得歸時月滿樓。❾❸

❾❶ 路工，《明代歌曲選》，頁 108。
❾❷ 路工，《明代歌曲選》，頁 99。
❾❸ 無懷山人，《酒史》（寶顏堂秘笈本），頁 8。

　　某些詩人有關酒的詩，雖談不上是佳作，但從這些詩中，我們可以看出當時的一些社會風尚。如英宗時的學者劉昌，在史館任職時，「日請良醞酒一斗」，但飲的少，大部分都藏著。他的朋友湯同谷（胤勳）向他討酒喝，先寫一首詩奉上，詩曰：「兼旬無酒飲，詩腹半焦枯。聞有黃封在，何勞市上沽？」❾真是彬彬有禮，別具一格。而有個叫陳藻（號蒼厓）的文士，家中貧困，卻嗜酒如命。某日，他口袋裡僅有一文錢，卻仍然買酒喝了，作詩自嘲道：「蒼厓先生屢絕糧，一錢猶自買瓊漿。家人笑我多顛倒，不療飢腸療渴腸。」❾這也不失為是無聊文人的自供狀。

六、酒與民間文學

　　酒與民歌：不少民歌，都涉及酒，頗有情致。以江南的民歌而論，嘉靖時的吳歌，以蘇州的最佳，後來杭州也有很不錯的民歌流行，如：「月子彎彎照幾州，幾人歡樂幾人愁，幾人高樓行好酒，幾人飄蓬在外頭。」後來，《剪燈新話》的作者、著名作家瞿宗吉 (1347–1433) 在嘉興聽到這首民歌，遂翻以為詞，云：

　　簾捲水西樓，一曲新腔唱打油，宿雨眠雲年少夢，休謳，且盡生前酒一甌。

---

❾ 劉昌，《懸笥瑣探摘抄》（叢書集成初編本），頁 29。

❾ 周暉，《金陵瑣事》，頁 91–92。

> 明日又登舟，卻指今宵是舊遊，同是他鄉淪落客，休愁，
> 月子彎彎照幾州。⑨⑥

一首民歌，經過作家的加工，遂成為一首有聲有色的詞，這正充分表明了，民間文學是正宗文學的源泉。而從明代大量的民歌看來，許多民歌都是與酒交融在一起的，洋溢著男歡女愛的戀情，樸實、真摯，使人讀後如飲美酒，回味無窮。如〈掛枝兒·醉歸〉：

> 俏冤家吃得這般樣的醉，扶進來，倒在床，不分南北與東西。是誰家天殺的哄他吃醉？我哥哥的量又不十分好，苦苦灌他做甚的。醉壞了我哥哥也，就是十個也賠不起。俏冤家夜深歸，吃得爛醉。似這般倒著頭和衣睡，何似不歸，枉了奴對孤燈守了三更多天氣。仔細想一想，他醉的時節稀。就是抱了爛醉的冤家也，強似獨睡在孤衾裡。⑨⑦

第一首〈掛枝兒〉，可謂寫盡了癡情女子對深夜醉歸的情郎的憐愛；第二首〈掛枝兒〉，則使人想起唐朝人的詩句：「門外猧兒吠，知是蕭郎至。剗襪下香階，冤家今夜醉；扶得入羅幃，不

---

⑨⑥ 田汝成，《西湖遊覽志餘》，頁447。
⑨⑦ 馮夢龍，《明清民歌時調集》，上冊，頁67–68。

肯脫羅衣。醉則從他醉，猶勝獨眠時。」可見古今風人，所見略同，故能奏異曲同工之效。又如〈掛枝兒．送別〉：「送情人，直送到花園後。禁不住淚汪汪，滴下眼梢頭。長途全靠神靈佑。逢橋須下馬，有路莫登舟。夜晚的孤單也，少要飲些酒。」(98)在殷殷惜別時，勸情人少飲酒，是多麼情真意切。而〈掛枝兒．罵杜康〉及〈掛枝兒．酒風〉，則風風火火，於潑辣中見真性情，如聞其聲，如見其人，實在令人稱奇：

> 罵杜康：俏娘兒指定了杜康罵：你因何造下酒，醉倒我冤家。進門來一交兒跌在奴懷下，那管人瞧見！幸遇我丈夫不在家，好色貪杯的冤家也，把性命兒當做耍。
>
> 酒風：殺千刀，你做甚麼身和分！往常時吃醉了還有些正經，到如今越弄得不學長進？又不害甚風顛病，還不安定了六神。你看東撞西歪也，人事全不省！(99)

酒與笑話：當今之世，煙、酒為害之烈，已越來越清楚地被人們所認識，戒煙、戒酒，也就成了人們經常性的話題。但對於「癮君子」和「高陽客」來說，要徹底戒掉所嗜之物，又談何容易！以至鬧出種種笑話。以今視古，當無不同。明代南京人陳鎬，很能喝酒。他在擔任山東提督學政後，其父擔心他

---

(98)馮夢龍，《明清民歌時調集》，上冊，頁 105。

(99)馮夢龍，《明清民歌時調集》，上冊，頁 50、230。

因酒妨礙公務，特地寄信給他，要他戒酒。父命難違，陳鎬便拿出自己的俸金，命工匠特製一隻大酒盌，能裝二斤多酒，在盌內刻上八個大字：「父命戒酒，止飲三杯。」被士林傳為笑談。(100)

明末還流行這樣的笑話：某人好酒，夢中見到有人送酒給他吃，他嫌冷，教人拿去加熱，想不到就在這時候醒了，他懊悔不已，連連嘆氣道：「早知就醒了，何不吃些冷的也罷！」(101)對於這位酒癡來說，用一句上海的歇後語來形容，大概是最恰當不過了：「捏鼻頭做夢——睏扁了頭。」

酒與神話：大概從五代起，在民間行業神中，杜康成了酒舖供奉的神。明朝也是這樣。其實，杜康其人帶有傳說性質，近乎子虛烏有。前人早就指出：「世言杜康造酒，魏文帝詩亦云：何以解憂，唯有杜康。但歷考諸史，不載杜康何代人氏，唯說名曰杜康，即夏時之少康也，采儀狄釀酒法而潤色之。」(102)說杜康就是少康，也並無確切證據。中國自古以來，民間的宗教信仰相當雜泛，往往因人因時因地而異，對酒神的崇拜也是如此。在明朝人的小說中，即曾描寫在江南吳縣的「一座酒肆」中，「店前一個小小堂子，供著五顯靈官。」(103)看來，在這座酒

(100)馮夢龍，《古今笑史》，頁 61。

(101)佚名，《新刻華筵趣樂談笑酒令》（明末刻本），卷 4，〈談笑門・嘲好酒人〉。

(102)徐炬輯、汪士賢校，《酒譜》（明末汪氏校刊山居雜志本），頁 1–2。

(103)抱甕老人，《今古奇觀》，上，頁 341。

肆中，五顯靈官早把杜康罷官奪權，取而代之了。神話，歸根到底，是人話，或者說，是人話的異化。關於酒的神化，也是如此。如郎瑛曾見過南陽人花客胡長子，每天飲百杯酒也不醉，懷疑他有特殊的門道，私下詢問他的僕人及同行的人，他們的回答卻是：「素不能飲，偶夢神授酒藥一丸，遂爾如是！」(104)這樣的神話，其實與鬼話也很難加以區分。據明朝人侯甸《西樵野記》記載，景泰年間，紹興文人葛棠，博學能文，豪放不羈。他在小花園中築小亭一座，扁曰「風月平分」，旦夕浩歌，「縱酒自適」。其書房的牆上，掛著「桃花仕女圖」。葛棠開玩笑地說：「如果能得到畫中人捧杯，我豈吝千金！」沒想到有次夜飲半酣，見一位美女走進來，說：「我早就知道您文彩風流，並承蒙您白天惦記我，現在我就詠詩侑酒。」葛棠喜不自勝，說：「我想吃一杯酒，妳就詠一首詩。」結果，這位美人連詠詩百首，葛棠早已酩酊而臥。早晨醒來，看畫上的仕女，不知何處去，但不久，又重現於畫上。回憶夜間她詠的詩，不少首還能背出，如：「梳成鬆髻出簾遲，折得桃花三兩枝，欲插上頭還在手，偏從人間可相宜。」「西湖荷葉綠盈盈，露重風多蕩漾輕，倒折荷枝絲不斷，露珠易散似郎情。」「芙蓉肌肉綠雲鬢，幾許幽情欲話難，聞說春來倍惆悵，莫教長袖倚欄杆。」這則關於酒的神話，交織著詩情畫意，令人神往。

---

(104)郎瑛，《七修類稿》，卷下，〈事物類〉，頁 147。

明末滄州生產的酒，特別是滄州吳氏、劉氏、戴氏諸家的產品，酒味清冽，行銷四方。關於滄州酒，也有一則富有神話色彩的民間傳說：

> 滄州城外酒樓，背城面河，列屋而居。明末有三老人至樓上劇飲，不與值，次日復來飲，酒家不問也。三老復醉，臨行以餘酒瀝瀾于外河，水色變，以之釀酒，味芳冽。[105]

奇怪的是，僅僅是咫尺之遙，除了外河這一地段外，餘處水皆不佳。不過，歲月無情，今日滄州的好水，早已渺不可尋了！

---

[105] 阮葵生，《茶餘客話》，卷 10，頁 5。

第七節 酒與藝術

一、酒與畫

天才的畫家唐寅，年輕時即以詩酒繪畫，名擅江南。老了，依然故我。據載：

> 晚年寡出，常坐臨街一小樓，惟乞畫者攜酒造之，則酣暢竟日，雖任適誕放，而一毫無所苟。(106)

這真是一位特殊的泡在酒裡的奇才。如果斷了酒，唐寅的詩與畫，恐怕是要黯然失色的。

荒村疏籬，酒簾飄拂，深山雪夜，高士獨酌，凡此種種，都是明朝文人畫常見的主題。嘉靖時浙江永嘉人周才甫，詩、畫俱佳，喜歡畫梅，「每對客酒間命筆，殊可人意。」(107)

畫家的筆墨，有時也越過陰陽界，揮灑到陰間去，描摹真正的酒鬼們的雅趣。北京宣武門外的歸義寺，是士大夫送行之地。嘉靖中，刑部郎中蘇志皋，餞客至寺，一看壁上的畫，便忍俊不禁：這是李鎮所畫判子圖，畫中的鍾馗，脫靴為壺，令

---

(106)唐寅，〈唐伯虎軼事〉。引自《蕉窗雜錄》，卷2，頁1。

(107)朱孟震，《玉笥詩談》（叢書集成初編本），卷上，頁13–14。

一鬼執而斷之，而另外一鬼，卻在鍾馗身後偷飲。蘇志皋戲題一詩云：

　　芭蕉秋影送婆娑，醉裡觥籌射鬼魔。

　　到底不知身後事，酆都城外更如何！[108]

這幅畫，這首詩，都別有情趣。

　　萬曆時的著名畫家吳小仙，也是與酒結下不解之緣。某次，他「飲友人家，酒邊作畫，戲將蓮房濡墨印紙上數處，主人莫測其意，運思少頃，縱筆揮灑，成捕蟹圖一幅，最是神妙」[109]。同一時期的另一位畫家汪肇（號海雲，休寧人），善畫山水人物，不但愛喝酒，並能鼻飲，沒想到這一手，竟救了他的性命。某次，他去南京，途中誤上賊船。群賊祭江神，相約夜間劫掠某太守的船，要汪肇也入伙。他表面上答應，卻自我介紹善畫，給每人畫了一個扇面，並用鼻飲酒，逗得賊首開懷大飲，以至沉醉，遂誤了劫船。次日，汪肇得便上岸，逃離賊船。他常自負：「作畫不用杇，飲酒不用口。」[110]

　　明末有位畫龍的聖手，號「一瓢子」，故事相當傳奇：

---

[108] 胡山源，《古今酒事》，頁 487。

[109] 周暉，《金陵瑣事》，頁 292–293。

[110] 周暉，《金陵瑣事》，頁 280–281。

一瓢子，不知其姓名。性嗜酒，善畫龍。敝衣蓬跣，擔
節竹杖，掛一瓢，行歌漫罵……居澧陽，年可七十，澧
人異之。或具酒蓄墨汁，乞一瓢子畫，不能得。一日飲
龔孝廉園中，頹然一醉，直視沉吟久之。座中顧曰：此
一瓢子畫勢也。一瓢子……又令小兒跳號，四面交攻，
已信手塗潑，煙霧迷空，座中凜凜生寒氣，飛潛見伏，
隨勢而成。署其尾曰牛舜耕，問其故，笑而不答。⑪

明末，天下大亂，特立卓行之士，往往掩其真名實姓，隱匿於
江湖間，與酒為伴，偶露其技，每冠絕一時，令人驚嘆。「一瓢
子」其人，蓋亦此輩中人。其行事，亦如其畫，魚龍變化，令
人莫測。世末多悲哀，一代奇才，往往就這樣相忘於江湖，真
令人嗟嘆不已！

二、酒與製陶

自正德以來，宜興的紫砂茶壺，歷享盛名而不衰。而最著
名的製紫砂茶壺的能手，當推時大彬。史載：

時大彬，號少山。或陶土，或雜砂碙土，諸款具足，諸
土色亦具足。不務妍媚，而樸雅堅栗，妙不可思。初自

---

⑪林慧如，《明代軼聞》（上海，中華書局，1919 年），卷 5，頁 8。

仿供春得手，喜作大壺。復游婁東，聞陳眉公與瑯琊、
太原諸公品茶、試茶之論，乃作小壺。几案有一具，生
人閒遠之思。前後諸名家，並不能及。遂於陶人標大雅
之遺，擅空群之目矣。⑫

如此看來，時大彬真是一位神思飄逸的藝術家。正如清代詩人
陳其年所歌頌的那樣：「宜興作者推龔春，同時高手時大彬，碧
山銀槎濮謙竹，世間一藝皆通神。」⑬而據時人徐應雷〈書時
大彬事〉記載，則時大彬製作那些紫砂神品，其原動力完全是酒：

犀象金牛之器，非不貴重，商周彝鼎，非不甚古，余性
不能好也。自余來陽羨，有客示以時大彬罍，甚小，而
其價甚貴……一日，過諸楊純父齋中，其人樸野，鬙面
垢衣。余問純父：渠何以淫巧索高價若此？純父曰：是
渠世業，渠偶然能精之耳。初無他淫巧，渠故不索價，
性嗜酒，所得錢輒付酒家，與所善村夫野老劇飲，費盡
乃已。又懶甚，必空乏久，又無從稱貸，始閉門竟日摶
埴，始成一器，所得錢輒復沽酒盡。當其柴米瞻，雖以
重價投之不應……嗟乎，吾吳中祝希哲草書、唐伯虎畫，
並稱神品，為本朝第一，又並有文章盛名。然其人皆日

---

⑫吳騫，《陽羨名陶錄》（拜經樓叢書本），上。
⑬阮葵生，《茶餘客話》，卷10。

坐松竹間，散髮裸飲，其胸中脩然無一事……今觀時大彬一藝，至微不足言，然以轉嗜酒，故能精，而況于書與畫，而況于文章，而況于學聖人，學佛者也。⓮

顯然，時大彬真是一位怪傑。他製作的紫砂茶壺，不僅是心血的結晶，更是酒的結晶。他堪稱是酒王國裡天才的大匠！

三、酒與音樂

　　明人胡應麟 (1551–1602) 曾謂：「唐妓女、歌曲、酒樓，恍忽與今俗類。」⓯這就間接道出明代酒、音樂、妓女三者之間的關係，是很密切的。事實正是這樣。而何良俊則謂：「西北士大夫飲酒皆用伎樂。」⓰其實又何止西北？舉國皆然。也許以經濟富庶、文化發達的江南為甚。即以何良俊家為例。他曾自述：「余家自先祖以來，即有戲劇……又有樂工二人教童子聲樂，習簫鼓絃索。」⓱江南大戶，縉紳之家，不少人有良好的音樂素養。嘉靖時張居正的老師顧璘在南京賦閒家居時，差不多三天一次，大辦筵席，「令教坊樂工以箏簫佐觴。」⓲晚明著

⓮黃宗羲，《明文海》，卷 352，頁 3615。

⓯胡應麟，《少室山房筆叢》（北京，中華書局，1958 年），頁 554。

⓰何良俊，《四友齋叢說》，卷 18，頁 160。

⓱何良俊，《四友齋叢說》，卷 13，頁 110。

⓲徐復祚，《花當閣叢談》，卷 5，頁 12。

名文學家張岱之弟葶初，六歲時即飲酒，覺得味道不錯，遂「偷飲數升，醉死甕下」，家人「以水浸之，至次日始甦」。真是一位自幼在酒中泡大的人。此公不僅懂詩詞歌賦，書畫琴棋，而且「笙簫絃管」「攦鼓唱曲」「無不工巧入神」 ⑲。不難想見，此輩歡聚飲酒，自免不了吹拉彈唱。張岱的〈定香橋小記〉載謂：

> 甲戌 (1634) 十月，攜朱楚生住「不繫園」看紅葉，至定香橋，客不期至者八人……余留飲……楊與民彈三弦子，羅三唱曲，陸九吹簫……章侯（按：即著名畫家陳老蓮〔1599–1652〕）唱村落小歌，余取琴和之。⑳

好友相聚，已屬樂事，而這些朋友中，多數人又精通音樂，獻技侑酒，這就更使人有雖曲終筵散而猶不忍離去之感了。《金瓶梅》中有大量酒與音樂的描寫，試舉一例：

> 西門慶……與諸人燕飲，就叫兩個歌童前來唱。只見捧著檀板，攦起歌，唱一個：
> 〈新水令〉：小園昨夜放紅梅，另一番動人風味。梨花迎笑臉，楊柳妬腰圍。試問荼蘼開到海棠未？
> 〈駐馬聽〉：野徑疏籬，陣陣香風來燕子；小園幽砌，紛

---

⑲ 張岱，《瑯嬛文集》（上海，廣益書局，1938 年），〈五異人傳〉，頁 80。
⑳ 張岱，《西湖夢尋》，卷 4，頁 74。

紛晴雨過林西。芳心不與蝶潛知，暗香未許蜂先覺，闌
遍倚，不知多少傷心處。

〈雁兒落帶得勝令〉：我則見碧陰陰西施鎖翠，紅點點鷓
鴣拋珠淚。舞仙仙研，光帽帽簪，虛飄飄花谷樓前墜。
尚兀兀是芳氣襲人衣，艷質易沾泥。落處魚驚，飛來蝶
欲迷。尋思憑誰寄還悲，花源未可期。⑫

毫無疑問，飲酒的風尚，促進了民間音樂的發展；而那些歌女、
歌童，無論唱的是陽春白雪，還是下里巴人，同樣都點綴了酒
文化，使之更紛彩多姿。不難想見，如果沒有歌聲，酒樓就肯
定不能吸引更多的來客。因此，音樂的興盛，同樣促進了酒文
化的發展。

需要指出的是，歌聲是沒有貧富界限的。再窮的人，如果
偶有酒飲，也往往會唱上一段民歌、小曲，起碼也能哼上幾句
無字腔。晚明時蘇州有個孝丐的故事，相當感人：某月夜，有
位闊老過橋，聽到橋下有歌聲，一看，但見一個叫化子跪在地
上歌唱，邊上坐著一位老太太，叫化子正一邊唱著，一邊將討
來的酒，獻給老太太，勸她飲用。闊老感到驚訝，便問丐兒其
故，丐兒說：「儂有母，以儂窶不得歡，聊歌唱以發其一粲
耳！」⑫真是人雖窮，情不薄；雖以乞討苦度光陰，但仍懂得

---

⑫ 蘭陵笑笑生，《金瓶梅詞話》，第四冊，頁 1502–1503。
⑫ 徐復祚，《花當閣叢談》，卷 4，頁 33。

用歌唱為老母侑酒，以盡孝道。對比之下，某些富家兒，雖腰纏萬貫，卻不知孝順父母，真該愧死矣！

四、酒與戲術

據明人余永麟記載，有個叫臞仙的人，得一葫蘆，剖開作瓢，葫蘆內飛出一物，狀如蝴蝶，五色可愛，隨著一道白光，此物不見了。臞仙以為神物，便在瓢上刻其銘曰：「一瓢酌盡乾坤髓，幾醉茅亭抱月眠。」有一天，有位道士來訪，臞仙將他引入丹室，給他瓢，舀炕頭酒甕中的酒喝。道士覺得恭敬不如從命，以瓢就甕取酒而飲，但得半瓢，一飲而盡，並說：此瓢大，能滲酒，請勿見怪。說罷告辭而去。道士走後，「臞仙令人視甕中之酒與糟，俱盡竭矣。」❷看來，出現這樣的咄咄怪事，並非是那隻酒瓢有甚麼奧妙神奇之處，而是道士肯定精通氣功，甚至是施展了特異功能。近日中國大陸上的氣功高手、具備特異功能者，能夠使物體來無蹤，去無影，儘管觀者目瞪口呆，但卻是鐵的事實。以今視古，道士所為，概亦不出此。萬曆年間的熊潮，史載「善戲術」，但實際上，用今天的話來說，更是位特級氣功大師。凡梨園子弟至其地，一定要先去向他致意，才能多獲利市。否則演出時，熊潮手指一指，即使是最善於歌唱的演員，便頓時啞然失聲。熊潮走過酒家，如碰上新釀出來

---

❷余永麟，《北窗瑣語》，頁48-49。

的酒，店主必定要請他先嚐新，這種酒才能受顧客歡迎，很快
賣完，否則酒即改味，無人問津，「酒家來謝過，味即復舊，沽
者忽填門。」●近日，北京的高級氣功師劉連春在京西石景山
圖書館表演，他運功發放外氣，能使酒變出幾種酒味。他把普
通的「二鍋頭」酒，倒入杯中，運功後，一青年聞了，說有臭
鞋底味！這是筆者親眼所見，時在 1989 年 1 月 12 日晚。看來，
熊潮的那套把戲，肯定也是對酒發放外氣，改變了酒的分子結
構的結果。當然，熊潮憑自己的一技之長，訛詐梨園、酒家，
實不可取也。

●鄭仲夔，《耳新》（叢書集成初編本），卷8，頁52。

第四章

「天涯誰是酒同僚」
——酒與醫學、園林、旅遊

第一節 酒與醫學

盡人皆知，酒中含有酒精，適量飲用，能興奮神經中樞，促進血液循環，起到舒筋活血，消除疲勞等功效。這樣，酒便很自然地與醫學結緣。天啟時學者繆希雍正確地指出：「酒品類極多，醇醨不一，惟米造者入藥用……主通血脈，厚腸胃，潤血膚，開發宣通之功耳。」❶

一、藥　酒

李時珍 (1518–1593) 的藥學巨著《本草綱目》，記載藥酒七十五種。❷他在該書的〈附諸酒方〉中指出：「《本草》及諸書，並有治病、釀酒諸方。今輯其簡要者，以備參考。藥品多者，不能盡錄。」❸他所介紹的藥酒有：瘀癧酒、屠蘇酒、逡巡酒、五加皮酒、白楊皮酒、女貞皮酒、仙靈脾酒、薏苡仁酒、天蘗冬酒、百靈藤酒、白石英酒、地黃酒、牛膝酒、當歸酒、菖蒲

---

❶ 繆希雍，《本草經疏》（揚州，江蘇廣陵古籍刻印社，1980 年），卷 25，頁 4。

❷ 參閱近人謝永新等，《百病飲食自療》（北京，中醫古籍出版社，1988 年），頁 3。

❸ 李時珍，《本草綱目》（上海，商務印書館，1954 年），一七，卷 25，穀部，頁 29。

酒、枸杞酒、人參酒、薯蕷酒、茯苓酒、菊花酒、黃精酒、桑椹酒、尤酒、蜜酒、蓼酒、薑酒、葱豉酒、茴香酒、縮砂酒、莎根酒、茵陳酒、青蒿酒、百部酒、海藻酒、黃藥酒、仙茅酒、通草酒、南藤酒、松液酒、松節酒、柏葉酒、椒柏酒、竹葉酒、槐枝酒、枳茹酒、牛蒡酒、巨勝酒、麻仁酒、桃皮酒、紅麴酒、神麴酒、柘根酒、磁石酒、蠶沙酒、花蛇酒、烏蛇酒、蚺蛇酒、蝮蛇酒、紫酒、豆淋酒、鹿茸酒、戊戌酒、羊羔酒、膃肭臍酒。❹有一些藥酒，至今仍風行天下。如：五加皮酒——「去一切風濕痿痹，壯筋骨，填精髓。用五加皮洗刮去骨，煎汁和麴米釀成飲之，或切碎袋盛，浸酒煮飲，或加當歸、牛膝、地榆諸藥」；當歸酒——「和血脈，堅筋骨，止諸痛，調經水。當歸煎汁，或釀或浸」；人參酒——「補中益氣，通治諸虛，用人參末同麴米釀酒，或袋盛浸酒，煮飲」；蚺蛇酒——「治諸風痛痹，殺蟲辟瘴，治癩風瘡、癬惡瘡。用蚺蛇肉一斤，羌活一兩，袋盛，同麴置於缸底，糯飯蓋之，釀成酒飲，亦可浸酒」；虎骨酒——「治臂脛疼痛，歷節風，腎虛，膀胱寒痛。虎脛骨一具，炙黃，槌碎，同麴米如常釀酒飲，亦可浸酒」；鹿茸酒——「治陽虛痿弱，小便頻數，勞損諸虛。用鹿茸、山藥浸酒服」。等等。

《本草綱目》成書於萬曆六年(1578)，十八年後第一次付刻。而在更早一些的著述中，即有藥酒的記載。如弘治壬戌

❹李時珍，《本草綱目》，一七，卷25，穀部，頁29-34。

(1502) 刻本、在農村廣為流行的通書《便民圖纂》，即有藥酒之一菊花酒的記載：「酒醅將熟時，每缸取黃英菊花（去萼、蒂，甘者），只取花英二斤，擇淨入醅內攪勻，次早榨則味香美。」❺菊花酒可以治頭風，明耳目，去痿痺。而晚明的《本草經疏》，記載可釀造藥酒的中藥，有五加皮、女貞實、仙靈脾、薏苡仁、天門冬、麥門冬、地黃、菖蒲、枸杞子、人參、何首烏、甘菊花、黃精、桑椹、朮蜜、仙茅、松節、栢葉、竹葉、胡麻、磁石、蠶沙、烏白蛇、鹿茸、羊羔、膃肭臍、黑豆之類，「各視其所生之病，擇其所主之藥，入麴米，如常釀酒法釀成飲，或袋盛入酒內，浸數日飲之。」❻大體上，是繼承了《本草綱目》的藥學傳統。

二、特種藥酒

此外，還有一些特殊的藥酒，在製作上，有別於一般藥酒，並非用中藥與麴釀成，而是以某種藥物，用酒服下，這有別於在某些中藥中，酒僅僅起到藥引的作用，因此筆者仍然把它納入藥酒範圍。成化時陸容曾記載：「貓生子胎衣，陰乾燒灰存性，酒服之，治噎塞病有效。聞貓生子後即食胎衣，必候其生時急取則得，稍遲，則落其口矣。」❼不知今日民間，仍有此

---

❺鄺璠，《便民圖纂》（北京，農業出版社，1959年），卷15，頁225。

❻繆希雍，《本草經疏》，卷25，頁4。

❼陸容，《菽園雜記》，卷13，頁157–158。

藥酒否？至於貓生子後即食胎衣，則是千真萬確的事實，村民每見之。最奇特的藥酒，大概要數根本不是酒的「輪回酒」。史載：

> 輪回酒，人尿也。有人病者，時飲一甌，以酒滌口。久之，有效。跌撲損傷，胸次脹悶者，尤宜用之。婦人分娩後，即以和酒煎服，無產後諸病。南京吏侍章公綸在錦衣獄，六七年不通藥餌，遇胸膈不利、眼痛、頭痛，輒飲此物，無不見效。❽

今日仍用人尿入藥，並沿用古名「人中白」及「淡秋石」。「人中白」用凝結在尿桶或尿缸中的灰白色無晶性之薄片或塊片，洗淨乾燥、再用火煆而成。能清熱解毒，祛瘀止血。可治咽喉腫痛、牙疳口瘡及咯血、衄血等症。「淡秋石」，今日用「人中白」浸去鹹臭，曬乾，擊碎，或加白芨漿水拌和，製成方塊。能滋陰退熱，可治骨蒸勞熱，咽痛，口瘡等症❾。但古老的「輪回酒」這一名稱，已經不再沿用。

《竹嶼山房雜部》記載的宮廷特種藥酒「長春酒」的秘方，以及另一種藥酒「神仙酒」的奇方，史籍罕見，值得我們重視。現抄錄如下：

---

❽陸容，《菽園雜記》，卷13，頁160。
❾上海中醫學院方藥教研組編，《中藥臨床手冊》，頁115。

長春酒法：當歸　川芎　黃芪（蜜炙）　白芍藥　甘草
（炙）　五味子　白术　人參　橘仁　熟地黃　青皮
肉桂（去粗皮）　半夏　檳榔　木瓜　白茯苓　磠砂
薏苡仁（炒）　藿香（去梗）　麥蘗（炒）　沉香　桑
白皮（蜜炙）　石斛（去根）　白豆蔻仁　杜仲（炒）
　木香　丁香　草果仁　神麴（炒）　厚樸（薑製炒）
　南星　蒼术（製）　枇杷葉（去毛炙）　右件各製了，
淨秤三錢，等分作二十包，每用一包，以生絹袋盛浸于
一斗酒內，春七日，夏三日，秋五日，冬十日，每日清
晨一杯，午一杯，甚有功效。除濕實脾，去痰飲，行滯
氣，滋血脈，壯筋骨，寬中快膈，進飲食。
神仙酒奇方：（專醫癱瘓，四肢拳攣。風濕感搏重者，宜
服之）；五加皮（一兩並心剉去土）紫金皮（並骨剉）當
歸鬚（六錢洗淨剉）右件㕮咀用酒瓶浸三宿，夏一宿，
更用好酒一瓶，取酒一盞，入末浸酒一盞，每日兩盞，
暖服。兩瓶酒盡時，自有神效。❿

諸如此類的藥酒及配方，還有不少，筆者將在今後另行著文介
紹，供同好及製酒企業家參考。還值得一提的是，明代某些泡
製藥酒的高手，技術超群，受到時人的歌頌。如成化時的修撰

---

❿宋翊，《竹嶼山房雜部》，卷15，頁8-9。

羅倫 (1431–1478)，即寫過一首題名〈張元惠藥酒〉的詩，對張元惠及藥酒稱頌不已：

> 藥和雲液效方神，日日山妻泣四鄰。
> 食旨自知非宰我，獨醒誰信是靈均？
> 誰將鸕杓分餘滴，欲脫鶉裘換一巡。
> 忽報白衣人送至，玉壺持送曲江春。❶

三、醒酒方

明代民間醒酒、解酒毒的辦法是很多的。一種是吃某些食物，如吃白扁豆、❷赤豆汁，❸可解酒毒，而多食橄欖，❹則可醒酒。另一種是吃湯藥。有一帖解酒的配方是：

> 瓜蔞、貝母、山栀（炒）、石膏（煅）香附南星（薑製）、神麴（炒）、山查（各一兩）、枳實（炒）、薑黃、蘿蔔子（蒸）、連翹、石鹹（各五錢）、升麻（三錢五分）為末，薑汁炊餅丸，白湯送下。❺

---

❶ 羅倫，《一峯文集》（臺北影印四庫全書珍本），卷13，頁17。
❷ 艾衲居士，《豆棚閒話》，頁107。
❸ 鄺璠，《便民圖纂》，卷11，頁147。
❹ 鄺璠，《便民圖纂》，卷11，頁147。
❺ 鄺璠，《便民圖纂》，卷13，頁197。

另有「縮砂湯」、「香橙湯」，其配方是：

> 縮砂湯：縮砂仁（四兩）、烏藥（二兩）、香附子（一兩
> 炒）、粉草（二兩炙）共為末，每用二錢，加鹽。沸湯點
> 服，中酒者服之妙，常服：快氣進食。
> 香橙湯：大橙子（三斤去核，切作片子連皮用）、檀香末
> （半兩）、生薑（五兩、切作片焙乾）、甘草末（一兩）
> 內二件用淨砂盆研爛，次入檀香、甘草末和作餅子焙乾，
> 碾為細末，每用一錢鹽少許，沸湯點沸，能寬中快氣消
> 酒。❻

明清之際的著名學者方以智，也載有「醒酒方」，全文是：

> 飲酒欲不醉者，服硼砂末。其飲葛湯、葛丸者效遲。廣
> 人以葛粉為丸，充西國米。《千金方》：七夕日采石菖蒲
> 末服之，飲酒不醉。大醉者以冷水浸髮即解。（暄日中酒
> 毒，煎黑豆，搗螺汁，米蓽、澄茄、葛花俱可解。）❼

古代先民的這些驗方，是積累了無數實踐經驗的產物，是酒文
化中的珍品，完全可以供今人借鑑。

---

❻ 宋翊，《竹嶼山房雜部》，卷15，頁224-225。
❼ 方以智，《物理小識》，卷6，頁20。

四、飲酒忌

明代學者不僅指出,「凡飲酒宜溫不宜熱,宜少不宜多」,並指出某些身患疾病者,是不能飲酒的,如「有火症目疾、失血嗽痰者」,切不可飲酒。同時指出,酒後多飲茶,傷腎,聚痰成水腫;醉後洗冷水澡,易生痛痺;凡是用酒服丹砂、雄黃等物,將使藥物毒入四肢,滯血化為癰疽,因此「中一切蠱、砒等毒,從酒得者不治」 ⑱。

---

⑱穆世錫,《穆氏食物》(萬曆刻本),卷8,頁7。

第二節　酒與園林

一、酒文化的寶貴史料

明代是中國園林發展史上的鼎盛時期。特別是嘉靖、萬曆時期，伴隨著封建經濟、文化的空前繁榮，江南園林更如雨後春筍般湧現，堪稱百花爭艷，千古風流。⓳明代園林，就其主要功能來說，是消費文化的活動場所，因此與酒的密切關係，是可想而知的。

明代的達官公卿、騷人墨客，在園林中賞花、觀戲、作詩、會文、餞別等等，在酒酣耳熱之餘，留下了大量詩篇；這些詩，是我們探討明代園林史、酒文化的寶貴史料。

成化丁未 (1487) 進士石瑤（字邦奇，藁城人）在〈章錦衣園餞克溫〉詩中寫道：

> 惜別駐郊坰，名園及璀璨。朱榮懸弱蔓，清樾護修幹……
> 妙舞出京洛，清歌微雲漢。探幽入虎谷，躄蹬聳飛翰……
> 主人愛真景，廢榭臨斷岸。豈惟示樸淳，正欲知憂患。⓴

⓳ 王春瑜，〈論明代江南園林〉，《中國史研究》，1987 年第三期。

⓴ 石瑤，《熊峰集》（臺北影印四庫全書珍本），卷 1，頁 6。

「主人愛真景，廢樹臨斷岸」，作為史料來看，這兩句詩很有價值：故意保存斷岸邊的廢樹，不加修葺，意在告戒子孫，要保住園林，很不容易，弄得不好，就會像廢樹一樣，使園林淪為榛莽；事實上，這也是古代絕大多數園林的命運。這是封建社會階級關係不斷變化，財富不斷被重新分割的結果。

與石瑤同時的進士吳儼（字克溫，宜興人，1457–1519），在〈飲魏國園亭〉中，寫了該園深秋的景色：

> 臺榭秋深百卉空，空庭惟有雁來紅。
> 曲池暗接秦淮北，小逕遙連魏闕東。
> 富貴豈爭金谷勝，文章不與建安同。
> 上公亭館無多地，猶有前人樸素風。❷❶

由此我們知道，明代前期南京某些公侯的園林，規模還是比較小的，跟嘉靖、萬曆時期的園林，要差一大截；而後者的繁榮、昌盛，正是封建經濟、文化高度發展的產物。

弘治己未 (1499) 進士、官至南京總督糧儲的宜興人杭淮 (1462–1538)，在〈飲胡夢竹園池次韻朱御史鶴坡〉詩中，給我們描繪了南方園林冬日的景象：「……野光團細竹，雲氣薄層山。凍雲仍餘白，寒梅已破斑。」❷❷ 這樣的景象，同樣使人賞

---

❷❶ 吳儼，《吳文肅摘稿》（臺北影印四庫全書珍本），卷 2，頁 6。
❷❷ 杭淮，《雙溪集》（臺北影印四庫全書珍本），卷 4，頁 15–16。

心悅目。

嘉靖時吳縣人張元凱在〈金陵徐園宴集分得壼字二首〉中，寫道：

> 盧橘園千頃，葡萄酒百壼。
> 溪聲來遠瀑，雲影曳流蘇。
> 花落紛迎蝶，萍流曲引鳧。
> 主人能好客，當代執金吾。㉓

園林的規模、氣勢，是如此宏大，與前述章錦衣園相比，真是不可同日而語了。

嘉靖壬辰 (1532) 進士、戶部主事、無錫人王問（字子裕，1497-1576）的〈宴徐將軍園林作〉，把明中葉達官、縉紳在園林中池畔置酒、堂上奏樂的豪華景象，生動地展現在我們的面前：

> 白日照名園，青陽改故姿。
> 瑤草折芳徑，丹梅發玉墀。
> 主人敬愛客，置酒臨華池。
> 階下羅眾縣，堂上彈青絲。
> 廣筵薦庶羞，艷舞催金巵。

㉓ 張元凱，《伐檀齋集》（臺北影印四庫全書珍本），卷6，頁8。

國家多閒暇，為樂宜及時，

徘徊終永晏，不惜流景馳。❷

二、無數離情細雨中

萬曆二十三年 (1595) 進士、任過戶部主事等職、侯官人曹學佺（字能始，1574–1646）在〈豫章朱芾斯宗侯逸園雨中宴別屠太初之南海羅敬叔之武昌李林宗之白下孫泰符之劍江歐陽于奇之毘陵予還廣陵〉一詩中，寫道：

滿堂遊子嘆飄蓬，無數離情細雨中。

飛蓋西園因卜夜，挂帆南浦待分風。

豈知江海經年別，不見關山去路同。

他日相思非一水，尺書何處寄春鴻。❷

這將一群好友分手前夕，在花園的斜風細雨中酌別，傾訴衷情，卻更頻添了道不盡的離愁別緒，一瀉無餘。據管窺所見，明朝人寫的園林中宴別友人詩，能像這首詩如此感情真摯，筆墨淋漓，並不多見。

酒文化在明代園林中打下的烙印，確實是很深的。某些園林中的建築物，甚至直接以酒命名。如顧璘在上元家居無事時，

---

❷ 錢謙益，《列朝詩集》（宣統二年重鐫本），丁，卷3，頁14。
❷ 錢謙益，《列朝詩集》丁，卷14，頁45。

縱遊山水之餘，在屋後築「息園」，園中即「有載酒亭，以待問字者」❷❻。載酒問字，固然是步前人風流餘韻。此外，想來人在微醺之際、劇談之餘，呈現在朦朧的醉眼中的園林，恍惚迷蒙，大概頗有彷彿置身人間天上、仙山瓊閣之感吧？

三、流 觴

流觴是我國古代園林史上的創舉，也是騷人墨客流連忘返的樂事，這在明代相當風行。萬曆五年 (1577) 進士、曾任兵科給事中及湖廣參議等職的河南汝州詩人張維新，在秦徵園參加流觴，有詩紀其事謂：

> 誰引流泉曲曲工，隨波泛酒永和同。
> 詩客苦吟敲夜月，花仙無語嘆春風。❷❼

當日流觴情景，可見一斑。

---

❷❻徐復祚，《花當閣叢談》，卷5，頁11。
❷❼張維新，《餘清樓稿》，卷11，頁22。

第三節　酒與旅遊

一、徐弘祖與酒

從明代的旅遊業來看，在眾多的旅遊者當中，大部分人都喜歡飲酒。或因山巔插雲，高處不勝寒，人們登山前，即備下酒漿，攜之上山，如明初的著名詩人高啟 (1336–1373) 在〈遊天平山記〉中曾記述：「至正二十二年九月九日，積霖既霽，灝氣澄肅，予與同志之友以登高之盟不可寒也，迺治饌載醪，相與指天平山而遊焉」❷❽；又如明代最傑出的旅遊家徐弘祖 (1587–1641) 在遊皖南名山白岳山時寫的日記中，寫道：

> 雪甚，兼霧濃，咫尺不辨。伯化攜酒至捨身崖，飲睍元閣。閣在崖側，冰柱垂垂，大者竟丈。峰巒滅影，近若香爐峰，亦不能見。❷❾

在這樣高的山上攀登，又時在天寒地凍的正月，無酒是難以驅除寒意的；或因見到奇景，興奮不已，必浮數大白而後快，如

---

❷❽ 黃宗羲，《明文海》，卷 353，頁 3622。

❷❾ 徐弘祖，《徐霞客遊記》（上海，上海古籍出版社，1980 年），卷 1 上，頁 11。

李默 (1494–1556) 在嘉靖三年 (1524) 六月舟行至江陰君山時，但見「江至此漸縮，風濤駭目，不覺呼酒狂叫，已乃下毘陵，趨京口」❸⓪；或因客舍阻雨；或因旅伴相邀；或因旅途勞頓，為消除疲勞，都會不時暢飲數杯，在徐弘祖日記中，這樣的記載並不少見：「薄暮，同行崔君挾余酌於市，以竹實為供，投壺暢飲；月上而返，冰輪皎然。」❸① 「返元康廬，挑燈夜酌」❸②。徐弘祖一生無嗜好；在他的足跡遍及大半個中國名山大川的旅遊生涯中，與藍天白雲、清風明月、瀟瀟夜雨，共飲幾杯，也就是他莫大的享受了。崇禎末年，杭州名士沈嶸（字孚中），每當重陽佳節，即「攜酒持螯，獨上巾子峰頭，高吟浮白。」有位和尚暗中記下一聯，云：「有情花笑無情客，得意山看失意人。」他還寫過一首〈登高詞〉，其首闋曰：「萬峰頂上，險韻獨拈糕。撐傲骨，與秋鏖，天涯誰是酒同僚？面皮雖老，盡生平受不起青山笑。難道他辟英雄一紙賢書，到做了禁登高三寸封條？」❸③真是慷慨而歌，溢於言表。

二、酒與旅遊點

明朝的旅遊業相當興旺，遍布神州大地的名勝古蹟，吸引

❸⓪黃宗羲，《明文海》，卷 355，頁 3651。

❸①黃宗羲，《明文海》，卷 8 下，頁 968。

❸②黃宗羲，《明文海》，卷 9 下，頁 1043。

❸③陸次雲：〈沈孚中傳〉。見張潮，《虞初新志》，卷 10。

著無數遊子的心。在這些旅遊熱點上，處處皆有酒可沽。以古城開封為例，時人記載：「自鏃匠胡同往南……專住妓女、過客酒店……路西酒館、飯鋪……」「自武廟街往南……有燒餅……過客店、酒店、客店、飯店……」❸❹酒館之多，不難想見。在泰山腳下的泰安州，客店很特別，驢馬槽房、戲院、妓院融為一體，以接待登泰山的遊客。店房分三等，即使宿於下等客房的遊客，中午在山上，也由店家用素酒、乾果慰勞，稱做「接頂」，住上等客房的遊者，有好酒款待，自不待言；而「下山後，葷酒狎妓惟所欲，此皆一日事也。」❸❺正是：只緣一覽眾山小，泰岱酒客登臨早。北京西南的戒壇寺下，有一座群山環抱的盆地，名秋坡。每年從四月初八日起至十五日止，特別是在四月十二日那天，四面八方的人流，湧向戒壇；一方面是由於戒壇寺乃千年古剎，天下遊僧畢會，同時在秋坡村，「傾國妓女競往逐焉，俗名趕秋坡。」❸❻故山上山下，熱鬧非凡。在遊客的「經行之處，一過山坳水曲，必有茶篷酒肆，雜以妓樂，綠樹紅裙……從遠望之，蓋宛然圖畫云。」❸❼明朝的北京人，四時八節，吉日良辰，常常結伴攜酒郊遊。如京西的高梁橋，

❸❹ 佚名，《如夢錄》（鄭州，中州古籍出版社，1984 年），〈街市記〉，頁 36-38。

❸❺ 張岱，《陶庵夢憶》，卷 4，頁 40。

❸❻ 沈榜，《宛署雜記》，卷 17，頁 191。

❸❼ 沈榜，《宛署雜記》，卷 17，頁 191。

當時橋下河水清澄見底，游魚歷歷可數，吸引了大批市民去小憩；兼之附近有座娘娘廟，據說婦人求子甚靈，因此又吸引了大批婦女來此求神。她們「各攜酒果音樂，雜坐河之兩岸，或解裙繫柳為圍，粧點紅綠，千態萬狀，至暮乃罷。」而在端午節，則「士人相約攜酒果遊賞天壇松林、高梁橋柳林、德勝門內水關、安定門外滿井，名踏青」 ❸ 。

三、攜酒而遊的千古佳作

攜酒而遊，歸有所感，形諸筆墨，有時便誕生了絕妙的詩歌、散文。張岱的稱得上是千古佳作的〈湖心亭看雪〉，正是這樣誕生的；雖然落筆成文，是在明朝亡國之後，懷著對故國無限眷戀之情，追憶寫成的。全文共計才一百餘字：

> 崇禎五年十二月，余住西湖。大雪三日，湖中人鳥俱絕。是日更定矣，余挐一小舟，擁毳衣爐火，獨往湖心亭看雪。霧淞沆碭，天與雲、與山、與水，上下一白，湖上影子，惟長堤一痕、湖心亭一點、與余舟一芥、舟中人兩三粒而已。到亭上，有兩人鋪氈對坐，一童子燒酒爐正沸。見余大喜曰：「湖中焉得更有此人！」拉余同飲。余強飲三大白而別。問其姓氏，是金陵人，客此。及下

---

❸ 沈榜，《宛署雜記》，卷 17，頁 191。

船，舟子喃喃曰：「莫說相公痴，更有痴似相公者。」❸⁹

在這短短的篇章裡，包涵了多麼深廣的美的境界：湖光，山色，夜幕，水氣，雪景，爐火，酒香，友情，是如此溫馨地交織在一起，洋溢著醉人的詩情畫意。從酒文化的角度來說，這篇憶雪中飲於西湖的小品，實在是前無古人，後無來者。

四、旅遊酒具

酒壺是很多旅遊者的隨身之物。嘉靖時吳人郭第，號「獨往生」，足跡遍及五嶽。他隨身帶著六樣東西：五嶽真形圖、杖、衲、瓢、鋤、觚。馮惟敏是郭第的好友，曾作套曲〈中呂粉蝶兒‧五嶽遊囊雜詠〉，其中詠觚一段，頗有情趣：

〔煞〕觚呵，形從三代前，名傳千載久，曾隨瑚璉陳籩豆。雖然不做模稜樣，卻也難得圭角留，醉翁之意誰參透？賽金盃玉斝，勝瓦鉢瓷甌。❹⁰

嘉靖時的著名文學家屠隆 (1542–1605)，也是頗為愛好旅遊的人，曾著《遊具雅編》一卷，其中自然少不了酒具。關於「酒尊」，他認為「注酒遠遊，古有窯器甚佳，銅提次之」，近

---

❸⁹ 張岱，《陶庵夢憶》，卷3，頁 28–29。

❹⁰ 馮惟敏，《海浮山堂詞稿》，卷1，頁 28。

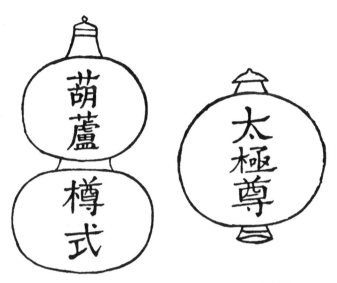

▲太極尊、葫蘆樽式（採自屠隆《遊具雅編》）

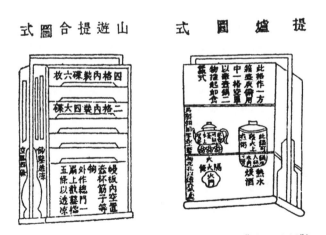

▲提爐圖式、山遊提合圖式（採自屠隆《遊具雅編》）

來用錫製作的酒尊，很糟糕；磁器負重，銅器有腥味，不如用蒲蘆製成，內塗以漆，「挾之遠遊，似甚輕便。」他畫了「太極尊」（用扁匏製作）、「葫蘆樽」（也用匏製作）的圖式，製作、攜帶都很方便。他還畫了「山遊提合圖式」、「提爐圖式」，詳細注明用法，置酒壺、酒杯所在，及煖酒法，都簡便可行❹ 。

五、酒與地方美食

還值得一提的是，各地的佳釀美酒，不僅是吸引旅遊者前來觀光的重要因素。而且某些具有地方特色，用酒烹調的食品，更博得遊客的青睞。如顧養謙 (1537–1604) 在〈滇雲紀勝書〉中寫道：

> 自省會東南行四十里曰呈貢縣，又八十里曰晉寧州，皆在滇海東畔，行者山光海色，或有或無。又九十里至江川縣，縣無城，四山環列，一水繞而南，南則太湖……出大頭魚，魚頭大如鱄，而鯉身以白酒煮之，肥美不數槎頭鯿也。❹

事實上，與今日的許多名菜烹製時離不開酒一樣，明朝的許多美食，製作時也是非酒不可的。如「魚醬法」：

❹ 屠隆，《遊具雅編》（叢書集成初編本），頁 11–16。
❹ 黃宗羲，《明文海》，卷 209，頁 2089。

用魚一斤，切碎洗淨後，炒鹽三兩，花椒一錢，茴香一錢，乾薑一錢，神麴二錢，紅麴五錢，加酒和勻，拌魚肉入磁瓶，封好，十日可用。吃時加蔥花少許。❹❸

其他的還有「酒醃蝦法」、「湖廣鮓法」等等。此類「酒食」，決不限於魚腥之類。如「水煠肉」（又名擘燒），在製作過程中，同樣是少不了酒的：

將豬肉生切作二指大長條子，兩面用刀華界如磚墻樣，次將香油、甜醬、花椒、茴香拌勻，將切碎肉揉拌勻了，少頃鍋內下豬脂熬油一碗、香油一碗、水一大碗、酒一小碗，下料拌肉，以浸過為止，再加蒜椒一兩，蒲蓋悶以肉酥，起鍋食之，如無脂油，要油氣故耳。❹❹

毫無疑問，一些地方用酒製成的，具有獨特風味的食品，是構成某些地區旅遊熱點的要素之一。

---

❹❸ 高濂，《遵生八牋》，卷11，頁47。
❹❹ 高濂，《遵生八牋》，卷11，頁48–49。

◆ 跋 ◆

不久前，也就是西山葉正紅之際，我托來大陸探親的史學家張存武教授，將拙著《明朝酒文化》，攜往臺北，謀求出版。時間才僅僅過去一個多月，存武兄便托也是來大陸探親，不才心儀久之的蘇同炳教授（他的拓荒之作《明代驛遞制度》，多年前即已拜讀），帶來東大圖書公司出版《明朝酒文化》的有關著作權的文件，要我簽署。這樣快的速度，完全出乎我的意外。細讀存武兄的來鴻，更發現東大圖書公司從接到我的書稿，至決定出版，寄出版權文件，居然僅僅花了三、四天時間。這樣快的辦事效率，不能不使我感到驚訝，乃至於感慨萬千了。語曰「多年媳婦熬成婆」，「出門靠朋友」，雖然自信自己的書，只要寫得出，大陸出版界的朋友們，對我這個史學界的雖非「白屋公卿」，但也畢竟還沒慘到與「阿貓阿狗」同列的「布衣」，是樂於伸出援手的；這本《明朝酒文化》，自然也不會例外。但是——魯迅曾說過，世上很多事，往往就壞在「但是」二字上——我們這兒的出版速度，多半慢得讓人受不了，甚至有的學者辛辛苦苦寫了一本書，交給出版社，在訣別這個世界前，連自己著作的清樣也未能看到，而銜恨終古；有時望眼欲穿地終於盼來了樣書，一看那封面，儼然「四人幫」時代的「大批判」文選，紙張宛如馬糞紙，那心頭的滋味，簡直似吃下幾隻

蒼蠅；稿費標準，世人皆知，更無需說了。是的，我並沒有蠢到以為臺灣的月亮比大陸圓，更沒有天真到臺灣的出版界是一片「鶯歌燕舞」，沒有人間煙火氣的淨土。但是，僅僅從我與東大圖書公司打交道的切身體會來看，臺灣出版界的經驗，是很值得我們大陸出版界效法的。「它山之石，可以攻玉」。石頭近在咫尺，又何需繞道從歐美搬取！

　　我的這本小書，談的是酒文化。自知才疏學淺，捧出來的，不是「名酒佳釀」，乃「村醪薄酒」之屬。但是，自問「釀造」時是認真嚴肅的，更未「摻水」；而更重要的是，我是懷著一顆赤誠火熱的心，將這「瓶」「薄酒」，敬獻給臺灣讀書界的朋友們的。這裡，請允許我說一聲：你好！朋友。再見。

　　　　　　　　　　　　　　著者　1989 年 12 月 3 日

　　　　　　　　　　　　　　　　上午，於八角村老牛堂

◆ 引用書目 ◆

㈠明朝文獻

1. 王世貞，《駢語雕龍》。寶顏堂秘笈本。

2. 王世貞，《弇山堂別集》。北京，中華書局，1985 年。

3. 王肯堂，《鬱岡齋筆塵》。北平圖書館印本，1930 年。

4. 王士性，《廣志繹》。北京，中華書局，1981 年。

5. 文秉，《烈皇小識》。上海，神州國光社，1951 年。

6. 石瑤，《熊峰集》。臺北影印四庫全書珍本。

7. 田汝成，《西湖遊覽志餘》。北京，中華書局，1985 年。

8. 田藝蘅，《留青日札》。上海，上海古籍出版社，1985 年。

9. 史玄，《舊京遺事》。北京，北京古籍出版社，1986 年。

10. 朱孟震，《玉笥詩談》。叢書集成初編本。

11. 朱國禎，《湧幢小品》。北京，中華書局，1959 年。

12. 朱權等，《明宮詞》。北京，北京古籍出版社，1987 年。

13. 冰華生（江進之），《雪濤小書》。上海，國學珍本文庫本，
    1948 年。

14. 宋翊，《竹嶼山房雜部》。臺北影印四庫全書本。

15. 宋懋澄，《九籥集》。北京，中國社會科學出版社，1984 年。

16. 沈某，《沈氏農書》。叢書集成初編本。

17. 沈德符，《敝帚齋餘談》。硯雲乙編本。

18.沈德符，《萬曆野獲編》。北京，中華書局，1959 年。

19.沈榜，《宛署雜記》。北京，北京古籍出版社，1980 年。

20.李日華，《紫桃軒雜綴》。崇禎刻《李君實雜著八種》本。

21.李時珍，《本草綱目》。上海，商務印書館，1954 年。

22.李開先，《李開先集》。上海，中華書局上海編輯所，1959 年。

23.李樂，《見聞雜記》。上海，上海古籍出版社，1986 年。

24.何孟春，《何文簡疏議》。臺北影印四庫全書珍本。

25.何良俊，《四友齋叢說》。北京，中華書局，1959 年。

26.余永麟，《北窗瑣語》。叢書集成初編本。

27.余繼登，《典故紀聞》。北京，中華書局，1981 年。

28.吳儼，《吳文肅摘稿》。臺北影印四庫全書珍本。

29.佚名，《新刻華筵趣樂談笑酒令》。明末刻本。

30.佚名，《天水冰山錄》。上海，神州國光社，1951 年。

31.佚名，《如夢錄》。鄭州，中州古籍出版社，1984 年。近人孔憲易校注。

32.杭淮，《雙溪集》。臺北影印四庫全書珍本。

33.周暉，《續金陵瑣事》、《二續金陵瑣事》。北京，文學古籍刊行社，1955 年。

34.抱甕老人，《今古奇觀》。北京，人民文學出版社，1979 年。

35.況鍾，《況太守集》。南京，江蘇人民出版社，1983 年。

36.侯甸，《西樵野記》。皇明百家小說本。

37.郎瑛，《七修類稿》。上海，大達圖書供應社，1936 年。

38.胡侍，《真珠船》。寶顏堂秘笈本。

39.胡應麟，《少室山房筆叢》。北京，中華書局，1958 年。

40.施耐庵，《水滸》。北京，人民文學出版社，1973 年。

41.高濂，《遵生八牋》。萬曆刻本。

42.凌濛初，《二刻拍案驚奇》。上海，古典文學出版社，1957 年。

43.唐寅，《唐伯虎全集》。北京，中國書店影印大道書局印本，
  1985 年。

44.徐充，《暖姝由筆》。說郛本。

45.徐應秋，《玉芝堂談薈》。嘉業堂刻本。

46.徐炬輯、汪士賢校，《酒譜》。明末汪氏校刊山居雜志本。

47.徐復祚，《花當閣叢談》。借月山房彙鈔本。

48.徐學聚，《國朝典匯》。北京圖書館顯微膠卷本。

49.徐弘祖，《徐霞客遊記》。上海，上海古籍出版社，1980 年。

50.陳衍，《槎上老舌》。硯雲乙編本。

51.陳仁錫，《無夢園集漫集》。崇禎刻本。

52.陳子龍等，《明經世文編》。北京，中華書局，1962 年。

53.陳洪謨，《治世餘聞》。北京，中華書局，1985 年。

54.陳洪謨，《繼世紀聞》。北京，中華書局，1985 年。

55.張維新，《餘清樓稿》。萬曆刻本。

56.張元凱，《伐檀齋集》。臺北影印四庫全書珍本。

57.張瀚，《松窗夢語》。北京，中華書局，1985 年。

58.張岱，《瑯嬛文集》。上海，廣益書局，1938 年。

59.張岱,《陶庵夢憶》。上海,上海古籍出版社,1982 年。

60.陶宗儀,《南村輟耕錄》。北京,中華書局,1959 年。

61.陸容,《菽園雜記》。北京,中華書局,1982 年。

62.屠隆,《遊具雅編》。叢書集成初編本。

63.無懷山人,《酒史》。寶顏堂秘笈本。

64.馮惟敏,《海浮山堂詞稿》。上海,上海古籍出版社,1981 年。

65.馮夢龍,《醒世恆言》。北京,人民文學出版社,1956 年。

66.馮夢龍,《古今笑史》。石家庄,花山文藝出版社,1985 年。

67.馮夢龍,《明清民歌時調集》。上海,上海古籍出版社,1986 年。

68.馮夢龍,《警世通言》。上海,上海古籍出版社,1987 年。

69.湯顯祖,《牡丹亭》。北京,人民文學出版社,1982 年。

70.楊循吉,《蘇談》。紀錄彙編本。

71.趙善政,《賓退錄》。叢書集成初編本。

72.劉若愚,《酌中志》。海山仙館叢書本。

73.劉昌,《懸笥瑣探摘抄》。叢書集成初編本。

74.鄭仲夔,《耳新》。叢書集成初編本。

75.蔣一葵,《長安客話》。北京,北京出版社,1960 年。

76.穆世錫,《穆氏食物》。萬曆刻本。

77.謝肇淛,《五雜俎》。崇禎刻本。

78.薛岡,《天爵堂文集》。崇禎間刻本。

79.薛論道,《林石逸興》。見路工編《明代歌曲選》。

80.繆希雍,《本草經疏》。揚州,江蘇廣陵古籍刻印社,1980 年。

81. 鄺璠，《便民圖纂》。北京，農業出版社，1959 年。

82. 羅倫，《一峯文集》。臺北影印四庫全書珍本。

83. 譚希思，《明大政纂要》。光緒間刻本。

84. 蘭陵笑笑生，《金瓶梅詞話》。香港，香港太平書局，1982 年。

85. 顧清，《傍秋亭雜記》。涵芬樓秘笈本。

86. 顧起元，《客座贅語》。北京，中華書局，1987 年。

㈡清朝文獻

1. 九龍真逸，《勝朝粵東遺民錄》。真逸寄廬刊本，1916 年。

2. 方以智，《物理小識》。清初刻本。

3. 王有光，《吳下諺聯》。北京，中華書局，1982 年。

4. 艾衲居士，《豆棚閒話》。上海，上海古籍出版社，1983 年。

5. 宋起鳳，《稗說》。明史資料叢刊（第二輯）本。

6. 阮葵生，《茶餘客話》。上海，千頃堂刻本，光緒年間。

7. 吳騫，《陽羨名陶錄》。拜經樓叢書本。

8. 吳履震，《五茸志逸》。上海，上海史料叢編本，1961 年。

9. 余懷，《板橋雜記》。龍威秘笈本。

10. 屈大均，《廣東新語》。康熙間刻本。

11. 范濂，《雲間據目抄》。申報館叢書本。

12. 俞敦培，《酒令叢鈔》。光緒四年 (1878) 刻本。

13. 查繼佐，《罪惟錄》。杭州，浙江古籍出版社，1986 年。

14. 陳夢雷原編、蔣廷錫等重編，《古今圖書集成》。上海，中華書局影印銅活字版印本，1934 年。

15. 張廷玉等，《明史》。北京，中華書局，1974 年。

16. 張潮，《虞初新志》。石家庄，河北人民出版社，1985 年。

17. 梁維樞，《玉劍尊聞》。上海，上海古籍出版社，1986 年。

18. 黃印，《錫金識小錄》。環溪草堂校本。

19. 黃宗羲，《明文海》。北京，中華書局，1987 年。

20. 褚人獲，《堅瓠集》。杭州，浙江人民出版社，1986 年。

21. 談遷，《棗林雜俎》。上海，國學扶輪社印本。

22. 錢謙益，《列朝詩集》。宣統二年 (1910) 重鐫本。

23. 龍文彬，《明會要》。北京，中華書局，1956 年。

24. 顧公燮，《消夏閒記摘抄》。涵芬樓秘笈本。

㈢近代文獻

1. 上海中醫學院方藥教研組編，《中藥臨床手冊》。上海，上海人民出版社，1977 年。

2. 王利器，《歷代笑話集》。上海，上海古典文學出版社，1956 年。

3. 石聲漢，《從齊民要術看中國古代的農業科學知識》。北京，科學出版社，1957 年。

4. 江蘇省社會科學院文學研究所編，《施耐庵研究》。南京，江蘇古籍出版社，1984 年。

5. 何心，《水滸研究》。上海，上海古籍出版社，1985 年。

6. 林慧如，《明代軼聞》。上海，中華書局，1919 年。

7. 胡山源，《古今酒事》。上海，上海書店影印民國二十八年世界書局初版本，1987 年。

8.陳恒力校釋，王達參校、增訂，《補農書校釋》。北京，農業
　出版社，1983 年。

9.陳香，《酒令》。臺北，國家出版社，1983 年。

10.張亮采，《中國風俗史》。上海，上海三聯書店，1988 年。

11.路工，《明代歌曲選》。上海，上海古典文學出版社，1956 年。

12.鄧子琴，《中國禮俗學綱要》。南京，中國文化社，1947 年。

13.謝國楨，《明代社會經濟史料選編》。福州，福建人民出版社，
　1980–1981 年。

14.謝國楨，《明清之際黨社運動考》。北京，中華書局，1982 年。

15.謝永新等，《百病飲食自療》。北京，中醫古籍出版社，1988 年。

㈣其他文獻

1.朱翼中，《北山酒經》。知不足齋叢書本。

2.周去非，《嶺外代答》。叢書集成初編本。

3.范成大，《桂海虞衡志》。知不足齋叢書本。

4.張邦基，《墨莊漫錄》。叢書集成初編本。

5.賈思勰，《齊民要術》。叢書集成初編本。

歷史的線索——錦衣王朝
易強／著

提到明朝的「錦衣衛」，您的腦海裡會浮現哪些畫面呢？想到的會是明代殺人不眨眼的特務機構？還是他們身上所穿顏色鮮豔的「飛魚服」、「麒麟服」，佩帶的「繡春刀」？錦衣衛到底是個怎樣的機構？它在歷史舞臺上到底扮演了怎樣的角色？本書作者易強將娓娓道來，帶您一揭明代錦衣衛的神祕面紗。

以史為鑑——漫談明清史事
陳捷先／著

以說故事的口吻，帶你穿越時空，重返清宮重大歷史現場，從大清帝國的崛起與衰亡，領悟出歷史何以為鑑。明朝是亡於滿人、流民，還是自己敗家、不爭氣？明末宮廷有多黑暗？大肆搜刮民財的嘉靖、二十年不上朝的萬曆、放任太監擅權的天啟、小氣又自負的崇禎，有這些皇帝，明朝焉能不亡？明清帝國已逝百餘年，但類似的歷史場景仍不斷重現。作者透過犀利的筆鋒，讓歷史不只是故事，而是發人深省的人生教材。

游道——明清旅遊文化
巫仁恕；狄雅斯 (Imma Di Biase)／著

旅行團包套的「套裝旅遊」，你以為是現代的產物嗎？其實早在明清時期，中國已有各式各樣的旅遊活動，而且旅遊設施逐漸走向商品化，無論是美酒佳餚、游船肩輿、旅遊導覽、遊伴相隨，皆讓旅途可以更舒適、更盡興。士大夫更是明清旅遊文化興盛的一大推手，旅遊也成為明清士大夫文化的重要一環。明清士大夫所撰寫的遊記，看似文學作品，實則背後反映了士大夫的身分焦慮感。到了晚清，曾與西方接觸的中國人所留下來的旅行記錄，更有助於我們理解當時中國人對西方人的看法與態度。

滿清之晨──探看皇朝興起前後
陳捷先／著

努爾哈齊是滿清的奠基者，皇太極是滿清的創造者。他們的豐功偉業在官私檔案中皆有可觀的紀錄，卻也留下不少史事啟人疑竇：究竟《三國演義》與滿族的建國大業有無關係？皇太極為何愛哭？皇太極真的會解夢、預言嗎？本書即以史料為憑據，解答上述疑問，同時引領讀者一窺努爾哈齊、皇太極的智慧與權謀。由於努爾哈齊與皇太極在滿洲文字的發明、改良與推廣上著力甚深，因而產生大量的滿文書檔。本書亦就部分滿文書檔進行剖析，使讀者能了解滿文資料的內容與價值，並且認識舊時滿族的生活文化。

青出於藍──一窺雍正帝王術
陳捷先／著

清代帝王硃批奏摺，是為了向臣子發布命令、傳達信息，所以康熙說「朕，知道了」，但雍正不僅只於此。雍正的硃批諭旨其實不只是行政奏章，裡面還有耐人尋味的帝王統御之術，可謂是「青出於藍」啊！想重新認識這位有血有肉的帝王嗎，讓雍正親口說給你聽！雍正親手寫下的硃批，字裡行間流露出他的真情實性，也讓人得以窺見雍正駕馭臣下的統御技巧。讓我們一同穿越青史，重新認識你所不知道的雍正。

明清史（三版）
陳捷先／著

當過和尚的朱元璋如何擊敗群雄、一統天下？何以神宗皇帝二十多年不肯上朝理政？雍正有沒有改詔奪位？乾隆皇究竟是不是漢人？本書作者憑藉著豐富的學養和深厚的語文造詣，爬梳大量的中外文及滿文史料，澄清不少野史及戲曲中的繆誤傳說。中國歷史悠久綿長，明清兩代是上承帝制下啟共和的重要關鍵時期。作者以深入淺出的筆法，清晰地介紹明清兩朝的建國歷程和典章制度；並以獨到的見解，臧否歷任帝王治績、析論兩朝盛衰之因，值得關心明清史事的人一讀。

透視康熙
陳捷先／著

愛新覺羅‧玄燁是順治皇帝的第三個兒子，他既非皇后所生，亦非血統純正的滿族人，卻因出過天花而得以繼位，成為著名的康熙皇帝。他對內整飭吏治、減輕賦稅、督察河工，年未及三十便平定三藩，為大清帝國立下根基。長久以來，康熙皇帝在各式影劇、小說的詮釋下，傳奇故事不絕於耳，然其內容或與史實有些許出入。本書係以歷史研究為底本，暢談康熙皇帝的外貌、飲食、嗜好、治術和人格特質，不僅通俗可讀，其所揀選分析之史料也值得細細品味。

天有二日？——禪讓時期的大清朝政
卜鍵／著

本書以清宮檔案為基礎，致力於如實勾畫當時的歷史場景，真切再現那些重要人物，其中有弘曆、顒琰父子，有德不配位、終釀大禍的和珅，也有阿桂、王杰、劉墉等忠直大臣。國家發生了嚴重的內亂，經濟上出現了前所未有的危機，官場腐敗，將星隕亡，士氣低落，國勢和國運都在加速走向衰微。

父慈子孝，是禪讓期間的執政基調。在子皇帝顒琰心中，父皇仍是那唯一的太陽。這不應視為一種策略和隱忍，而是出於孝心，發乎天然。

明史——一個多重性格的時代（二版）
王天有；高壽仙／著

本書將明朝歷史劃分為開創期（1368～1441年）、腐化期（1442～1521年）、整頓期（1521～1582年）、衰敗期（1582～1644年）四個階段，對明朝歷史進行了全方位、多層次、多角度的考察與分析，清晰地勾勒出明朝興衰成敗的變動軌跡，揭示了明朝複雜多樣的性格和樣貌。全書資料詳實，深入淺出，有助於讀者了解明朝的真實歷史狀況，對相關方面的專業研究也頗具參考價值。

華袞之蚤——晚清高官的日常煩惱

張劍／著

從自然氣候、社會環境、人際關係、柴米油鹽、生理疾病乃至心靈歸宿，展現何汝霖、季芝昌、曾國藩、廖壽恆、鹿傳霖、紹英的另一面。當大人物走下神壇，拉近距離，讓普通人瞭解他們的普通之處。

本書作者張劍，秉持學術考據的嚴謹，文獻解讀的專業，從獨特的視角切入六位晚清高官的瑣碎日常。奠基於日記史料的真實，偶爾荒謬、偶爾無奈，字裡行間引人發噱，原來晚清高官的煩惱是如此樸實無華！

國家圖書館出版品預行編目資料

明朝酒文化／王春瑜著.－－二版一刷.－－臺北市：
東大，2022
面；　公分.－－（歷史聚焦）

ISBN 978-957-19-3281-1　（平裝）
1. 酒 2. 飲食風俗 3. 明代

538.74　　　　　　　　　　　　110016060

歷史
聚焦

明朝酒文化

作　　者	王春瑜
發 行 人	劉仲傑
出 版 者	東大圖書股份有限公司
地　　址	臺北市復興北路 386 號 (復北門市)
	臺北市重慶南路一段 61 號 (重南門市)
電　　話	(02)25006600
網　　址	三民網路書店 https://www.sanmin.com.tw
出版日期	初版一刷 1990 年 5 月
	二版一刷 2022 年 9 月
書籍編號	E630020
I S B N	978-957-19-3281-1

東大圖書公司